눈높이에 맞춘 첫번째 과학이야기

눈높이에 맞춘 첫번째 과학 이야기

초판 1쇄 인쇄 2017년 12월 1일
초판 1쇄 발행 2017년 12월 5일

글 홍윤희 그림 김미연
발행인 박형준
펴낸곳 도서출판 거인
출판등록 제2002-000121호
주소 서울시 마포구 와우산로48 로하스타워 803호
전화 02-715-6857,9 팩스 02-715-6858
편집책임 안성철
디자인 박윤선
마케팅 이희경 김경진

ISBN 978-89-6379-158-6 73400

눈높이에 맞춘 첫번째 과학 이야기

글 홍윤희
그림 김미연

거인

차례

원리와 에너지

1. 자석은 왜 철을 끌어당길까? · 8
2. 물속의 젓가락은 왜 꺾여 보이지? · 12
3. 늘었다 줄었다, 용수철의 원리 · 16
4. 열은 어디서 와서 어디로 가나 · 20
5. 밤을 낮으로 바꾼 전기의 발견 · 24
6. 전기는 어떻게 우리 집까지 오나? · 28
7. 쇠로 만든 배는 어떻게 물에 뜨지? · 32

놀라운 생명

8. 강낭콩은 어떻게 해서 싹이 틀까? · 38
9. 애벌레가 어떻게 나비가 됐지? · 42
10. 앗, 물속에 이렇게 많은 생물이! · 46
11. 꽃은 왜 피는 걸까? · 50
12. 동물들은 뭘 먹고 살지? · 54
13. 너무 작아서 안 보여요. · 58
14. 음식물은 어떻게 몸에 영양분이 될까? · 62
15. 몸속의 찌꺼기는 어떻게 밖으로 나오나? · 66

🔵 신기한 물질

16. 눈에 보이지 않는 공기, 왜 중요할까? · 72
17. 도대체 물에 녹은 설탕은 어디로 간 거야? · 76
18. 기름은 왜 물과 따로 놀지? · 80
19. 바닷물에서 어떻게 소금을 얻을까? · 82
20. 물의 또 다른 모습, 얼음과 수증기 · 86
21. 기체에는 무게가 있을까, 없을까? · 90
22. 사이다 속에 톡톡 튀는 것은 뭐지? · 94

🟠 신비로운 지구

23. 돌과 흙과 땅 이야기 · 98
24. 물이 땅의 모양을 바꾼다고? · 102
25. 폭발하는 산, 화산은 왜 생기나? · 106
26. 지진에 대비할 수 없을까? · 110
27. 과거의 흔적, 화석을 찾아서 · 114
28. 지구, 네 속이 궁금해 · 118
29. 날씨는 왜 매일 변덕을 부릴까? · 122
30. 구름은 어떻게 만들어지나? · 126

자석은 왜 철을 끌어당길까?

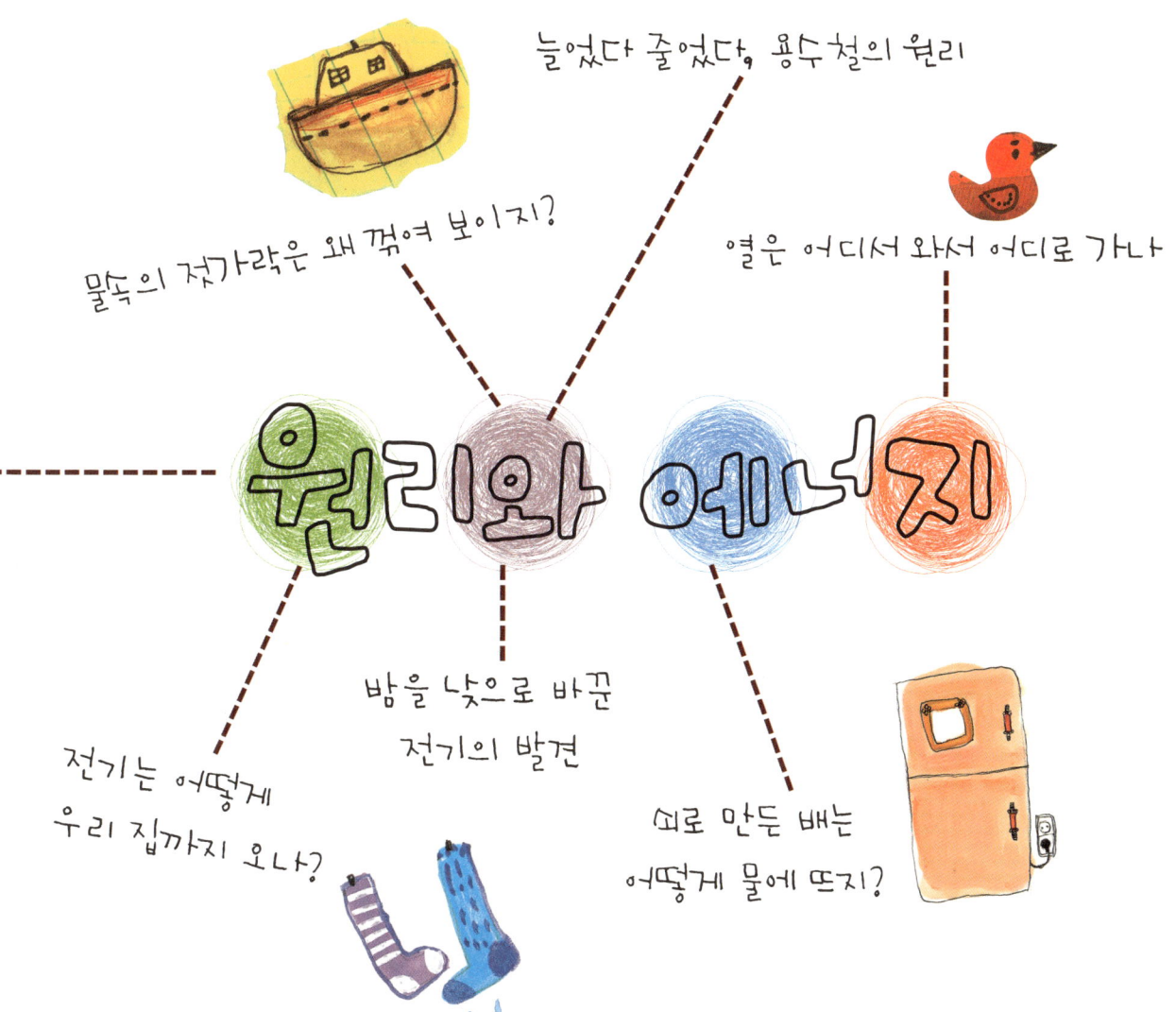

1. 자석은 왜 철을 끌어당길까?

무거운 쇠를 척척 끌어당기는 이상한 돌

배를 끌어당기는 섬에 대한 이야기를 들어보았나요? 고대 그리스 시대에 있었던 일이랍니다. 배에 물건을 가득 싣고 바다를 오가는데 이상하게 어떤 섬 앞을 지날 때면 배들이 더 이상 앞으로 나가지 못했어요. 그리고 알 수 없는 힘에 이끌려 배들은 그 섬으로 끌려갔답니다. 아무리 방향을 바꾸려고 해도 소용이 없었어요.

이상한 것은 모든 배들이 다 그런 건 아니었어요. 한참 후에야 사람들은 섬으로 끌려가는 배들의 공통점을 찾아냈지요. 그 배들은 모두 철을 운반하는 배였답니다. 사람들은 그제야 그 섬이 철을 끌어당기는 이상한 돌로 되어 있다는 걸 알았어요. 그 섬의 이름이 마그네시아였고, 철을 끌어당기는 그 이상한 돌이 바로 오늘날 자석의 유래인 '자철석', 즉 천연자석이었어요.

오늘날 자석을 나타내는 영어가, '마그넷(Magnet)'인 것도 그 섬의 이름에서 유래한 것이랍니다.

자석의 힘을 이용하면 편리해요

귀신의 장난 같은 이 자석의 힘을 알고부터 사람들은 자석을 일상생활에 활용하기 시작했어요. 그 대표적인 것이 바다를 항해할 때나 산을 오를 때 꼭 필요한 나침반이지요. 혹 아는 사람도 있을지 모르지만, 우리가 사는 이 지구는 하나의 커다란 자석이랍니다. 지구 자석의 북극은 S극, 남극은 N극의 성질을 가지고 있답니다. 그래서 나침반의 바늘도 자석으로 되어 있는 것이랍니다. 나침반의 N극은 항상 S극에 붙으려는 성질을 가지고 있기 때문에 나침반의 N극은 언제나 지구의 북쪽을 가리키는 것이랍니다.

그 외에도 자석이 쓰이는 곳은 아주 많지요. 집 안을 둘러보세요. 너무 많아서 깜짝 놀랄 거예요. 스피커, 라디오, 카세트테이프, 컴퓨터, 냉장고 등 자석은 쓰임새가 다양하지요.

그러면 철만 자석에 달라붙을까요? 아니랍니다. 철 외에 니켈, 코발트 그리고 이들을 합금한 것들도 자석에 달라붙는 성질을 가지고 있어요.

하지만 같은 철이라도 스테인리스 강판은 자석에 붙지 않는답니다.

요점정리

자석이 철을 끌어당기는 것은 자석의 자기력(2개의 극 중 서로 다른 극이 끌어당기는 힘)과 철의 자성(자석에 달라붙으려는 성질) 때문이다.

2. 물속의 젓가락은 왜 꺾여 보이지?

빛의 속임수 '굴절'

빛은 가끔 우리 눈을 감쪽같이 속여요.
유리컵 속에 물을 붓고 젓가락을 비스듬히 넣어 보세요. 이런! 젓가락이 부러진듯 꺾여 보이죠? 깜짝 놀라 젓가락을 빼 보면 멀쩡해요.
빛은 직진하는 성질이 있는데 도대체 왜 이런 현상이 일어날까요? 원인은 바로 빛의 또 다른 성질인 '굴절' 때문이랍니다.
빛의 굴절이란, 빛이 한 물질에서 다른 물질로 진행할 때 그 방향이 휘거나 꺾이는 현상입니다. 이때 빛이 지나는 물질인 공기나 물 같은 것을 매질이라고 하는데, 같은 매질 안에서만 빛은 직진합니다. 이 매질이 바뀌면 빛의 방향도 바뀐답니다.
예를 들어 빛이 공기를 지나다가 갑자기 물을 지나게 되면 직진하던 빛이 방향을 바꾸어 꺾이는 현상이 나타나지요.

그럼 이러한 굴절 현상은 도대체 왜 일어나는 걸까요? 그것은 바로 매질에 따라 빛이 지나는 속력이 다르기 때문입니다.

빛 속에 색깔이 있어요

빛은 통과하는 매질에 따라서 굴절이란 것을 하지요. 그러다보니 빛은 진공상태인 우주 공간에서 직진하다가 공기가 있는 지구의 대기권을 통과할 때 한번 방향이 꺾이고, 또 물속을 통과할 때도 굴절을 한답니다.

그런데 그 뿐만이 아니에요.

빛은 색깔에 따라서 굴절하는 각도가 다르게 나타나기도 한답니다. 무지개는 바로 빛의 굴절 때문에 일어나는 현상이에요.

즉 햇빛은 일곱 가지 빛으로 이루어져 있는데 평소에는 이 색깔들이 섞여서 투명하게 보이다가 프리즘 같은 특수한 기구를 통과하면 다른 일곱 가지 색깔로 나누어지는 것이지요.
비가 온 후에 태양의 반대편에 무지개가 뜨는 이유는 공기 중에 떠 있는 물방울이 프리즘 역할을 해서 빛을 각각 나누어 주기 때문입니다.

요점정리

빛이 굴절을 하는 이유는, 빛의 속력이 물질에 따라 달라지기 때문이다.

3. 늘었다 줄었다, 용수철의 원리

용수철이 없다면 '스카이 콩콩'도 없다!

"콩 콩 콩"

아무리 몸무게가 많이 나가는 어린이도, 껑충 키가 큰 어른도 스카이 콩콩만 타면 제자리에서 높이 뛰어오를 수 있으니 참 신기하지요?

스카이 콩콩은 무엇으로 만들어져서 이렇게 우리 몸을 공중으로 튕겨 오르게 할까요?

하늘을 나는 기분이야!

스카이 콩콩은 바로 용수철의 원리로 만들어졌어요. 그렇다면 용수철이란 무엇일까요?

용수철은 그 생김새부터가 특이해요. 쇠줄이 나선형으로 꼬아진 형태를 이루고 있는데, 이러한 생김새 때문에 용수철

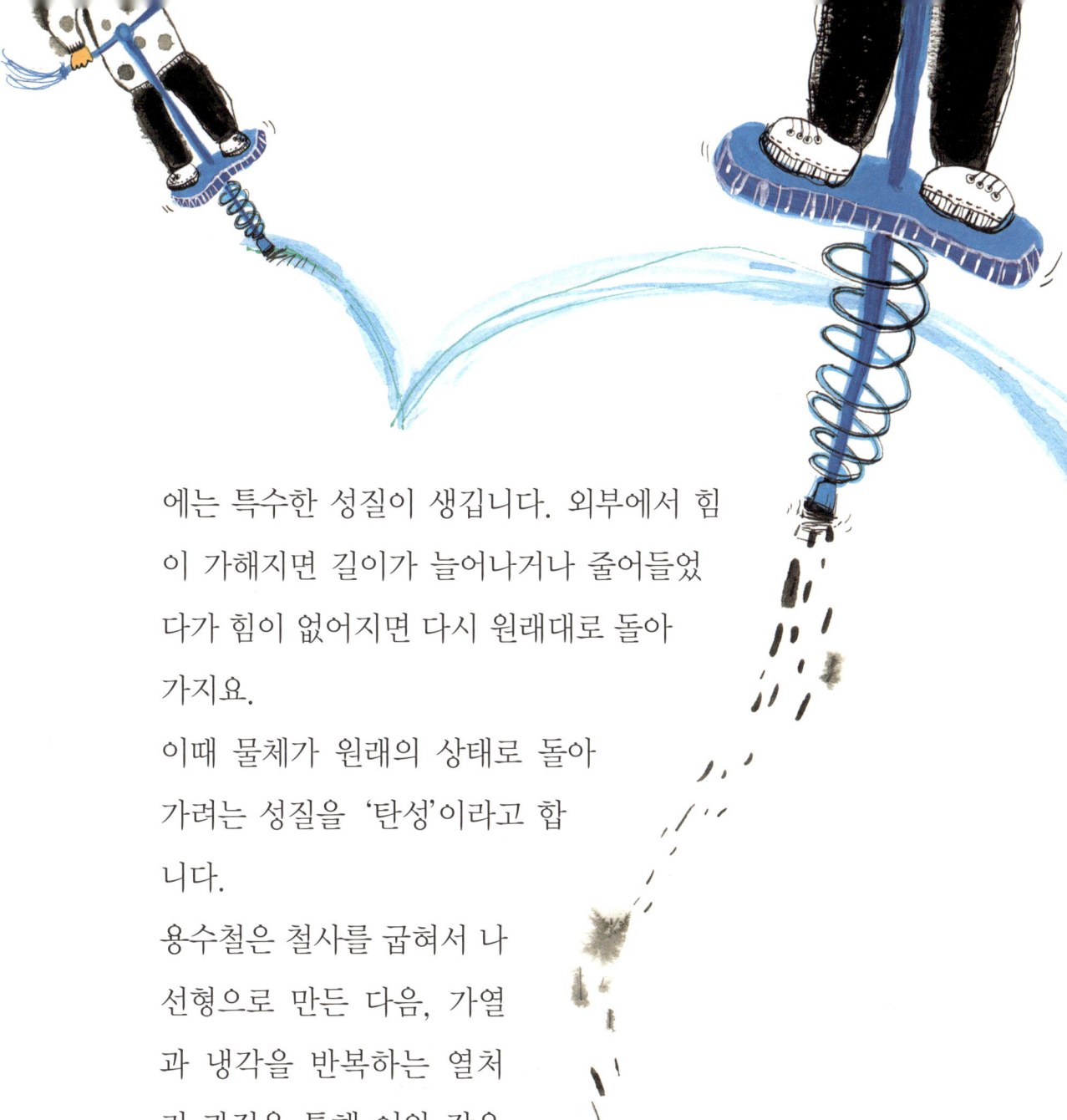

에는 특수한 성질이 생깁니다. 외부에서 힘이 가해지면 길이가 늘어나거나 줄어들었다가 힘이 없어지면 다시 원래대로 돌아가지요.

이때 물체가 원래의 상태로 돌아가려는 성질을 '탄성'이라고 합니다.

용수철은 철사를 굽혀서 나선형으로 만든 다음, 가열과 냉각을 반복하는 열처리 과정을 통해 이와 같은 탄성이 생긴 것이랍니다.

다양하게 쓰이는 용수철의 원리

우리 주변에는 "만약 용수철이 없었다면 어땠을까?" 할 정도로 곳곳에 용수철의 원리가 숨어 있습니다.

침대의 매트리스 속에 있는 스프링은 누워 있는 사람의 몸무게를 골고루 받쳐줄 뿐만 아니라, 적당한 탄성으로 푹신하게 해 주어 몸의 건강을 지켜준답니다.

또한 중력의 힘이 가해지면 아래로 늘어나는 성질 때문에 용수철은 오랜 옛날부터 저울로 쓰이기도 했답니다.

용수철은 우리의 생명과 안전을 지켜주는 데도 아주 중요하게 쓰이지요. 자동차의 경우 몸체를 받쳐주는 판 스프링과 에어백이 그 예입니다.

용수철은 기계의 흔들림이나 진동, 외부에서 가해지는 충격을 흡수하는 역할을 한답니다. 만약에 자동차나 기차에 용수철이 없다면 차체가 심하게 흔들려서 사람들이 편안하게 타고 다닐 수 없을 거예요.

요점정리

용수철의 원리란 외부에서 힘을 가했을 때 늘어나거나 줄어들었다가, 힘이 없어지면 원래 모양으로 되돌아가려는 성질인 '탄성'을 말한다.

4. 열은 어디서 와서 어디로 가나

뜨거운 에너지, 열

두 손을 모아 싹싹 비비면 손이 따뜻해집니다. 그건 손바닥 사이에 열이 발생하기 때문이에요. 손바닥 안에 열을 내는 장치가 숨어 있는 것도 아닌데 어떻게 이런 일이 생기는 걸까요?

손바닥을 비빌 때 열이 나는 이유는 마찰 때문이에요. 보통 물체의 표면을 접촉시켜 비비면 마찰이 생겨요. 물체들의 표면이 서로 불규칙해서 비빌 때 힘이 들어가는데 이것이 바로 운동에너지랍니다.

그리고 이 운동에너지 중의 일부가 열에너지로 바뀌게 됩니다. 그래서 물체를 비비면 열이 발생하는 것이지요.

이때 열을 발생시키는 것을 '열원'이라고 합니다. 우리 주변의 주요한 열원으로는 태양, 지구, 각종 화학반응, 핵에너지, 마찰, 전기 등이 있지요. 태양의 중심부에서는 늘 핵반응이 일어나는데 이때 열이 발생하지요. 이 태양열이 없다면 지구는 벌써 차갑게 얼어버렸을 거예요. 지구에서도 많은 열이 발생하지요. 이 열은 화산이 폭발할 때 나오기도 한답니다.

열은 어떻게 전달될까?

열이 전달되는 데는 다음의 3가지 방법이 있습니다.
첫 번째로 열이 물체를 통해 전달되는 경우입니다.
예를 들어 뜨거운 냄비에 젓가락을 담그면 젓가락으로 열이 전달되지요. 열이 가해진 건 냄비인데 냄비의 열이 젓가락으로 전달된 거예요. 이처럼 열이 물체를 통해 전달되는 것을 열의 '전도'라고 합니다.
두 번째로 액체나 기체의 순환에 의해 열을 전달하는 방법입니다. 예를 들어 방에 난로를 켜두면 주변의 공기를 직접 가열해 금방 훈훈해지지요. 따뜻한 공기가 위로 올라가고 찬 공기가 아래로 내려오기 때문이에요. 이렇게 열을 전달하는 방법을 '대류'라고 합니다.

세 번째로 '복사'를 통해 전달되는 방법이 있어요. 이때 '복(輻)'은 '바큇살'을 뜻하고 '사(射)'는 '쏘다'라는 뜻으로, 태양이 바큇살처럼 햇살을 쏜다는 뜻이지요. 복사 에너지란 열이 중간에 다른 물체를 거치지 않고 직접 물체에 전달되는 현상을 말합니다. 빨래가 햇빛에 마르는 것은 열의 복사 때문이에요.

요점정리

열은 에너지의 한 형태로서 전도, 대류, 복사의 3가지 방법으로 전달된다.

5. 밤을 낮으로 바꾼 전기의 발견

전기는 무엇일까?

전기는 우리 주변에서 흔히 볼 수 있는 현상입니다. 거센 폭풍우가 치는 날, 방 안에서도 하늘에서 번쩍이는 섬광을 볼 수 있지요. 이 번갯불은 열이 대단해서 땅을 검게 태우기도 하고 나무나 집을 불태울 수도 있어요.

한편 어두운 곳에서 머리를 빗거나 나일론 스웨터를 벗을 때도 눈앞에 번쩍이는 섬광과 함께 소리가 날 때가 있어요. 이것은 물체의 마찰에 의해 생긴 마찰 전기예요.

또 우리 몸속에서도 전기가 만들어진다는 사실을 알고 있나요?

심장은 아주 적은 양의 전기를 만들어서 알맞은 박동을 유지하고, 두뇌는 우리가 잠자는 동안에도 전기적인 신호를 몸의 각 부분에 전달한답니다.

그런가하면 몸에서 전기를 만드는 동물도

있어요. 전기가오리, 전기뱀장어, 전기메기 등은 몸에서 전기를 만들어 먹이를 잡거나 적으로부터 자신을 보호하지요. 전기뱀장어는 20개의 전구에 불을 켤 수 있을 만큼의 강한 전기를 만들어낸답니다.

전기는 누가 발견했을까?

인간이 전기를 발견한 것은 아주 오래 전의 일입니다. 기원전 600년경에 그리스의 철학자 탈레스는 호박이라는 단단하고 노란 보석을 비단 옷감에 문지르다가 그 호박에 먼지가 달라붙는 현상을 관찰하게 되었지요. 이것이 바로 인류가 최초로 발견한 전기 현상인 정전기입니다.

1879년에 에디슨은 전기를 이용해 어두운 밤을 환하게 밝혀주는 백열전구를 만들었지요. 하지만 전기의 정체가 밝혀진 건 20년 후인 1899년 영국의 물리학자 J.J. 톰슨에 의해서였어요. 그에 따르면 전기는 아주 미세한 입자로 되

어 있고 빛과 열을 내는 성질이 있지요. 그는 이 미세한 입자를 '전자'라고 이름 붙였답니다. 이 전자의 운동이 전류를 만드는 것이지요.

요점정리

물체를 마찰시키면 물체가 전하를 띠게 되어 전기현상을 일으킨다.

6. 전기는 어떻게 우리 집까지 오나?

전기와 함께 떠나는 여행

우리가 매일 쓰는 전기는 대체 어디서 오는 걸까요? 전기는 아주 먼 곳으로부터 집까지 여행을 온답니다. 그 과정을 한번 따라가 볼까요?

전기를 만들어내는 곳을 발전소라고 합니다. 발전소에서는 다양한 방법으로 전기를 만들어내요. 댐에 있는 물의 힘으로 전기를 만드는 수력발전소와 석탄이나 기름을 태워 전기를 일으키는 화력발전소가 있는가 하면, 원자력을 이용하여 전기를 얻는 원자력 발전소도 있지요.

발전소에서 만들어진 전기는 발전소 내의 변압기를 거쳐

발전소 / 송전 / 변전소 / 배전(가정으로 보냄)

고압선을 타고 변전소로 보내지지요. 이것을 '송전'이라고 합니다.

변전소란 전기의 세기를 변화시키는 곳입니다. 여기서는 다시 변압기를 통해 배전용 전압으로 낮추어 배전 선로로 내보냅니다. 전기를 변전소에서 가정이나 공장으로 보내는 것을 '배전'이라고 합니다.

배전 선로를 통해 수송된 전기는 전봇대의 변압기를 통해 우리가 쓰는 220V로 변환되어 전선을 타고 집 안으로 흘러들어오지요. 보이진 않지만 형광등과 콘센트의 전선은 집 안의 한 곳에 모아져서 바깥의 전선과 연결이 된 것이에요. 우리가 사는 세상은 이처럼 수많은 전선들에 의해 하나로 연결되어 있다고 볼 수 있어요.

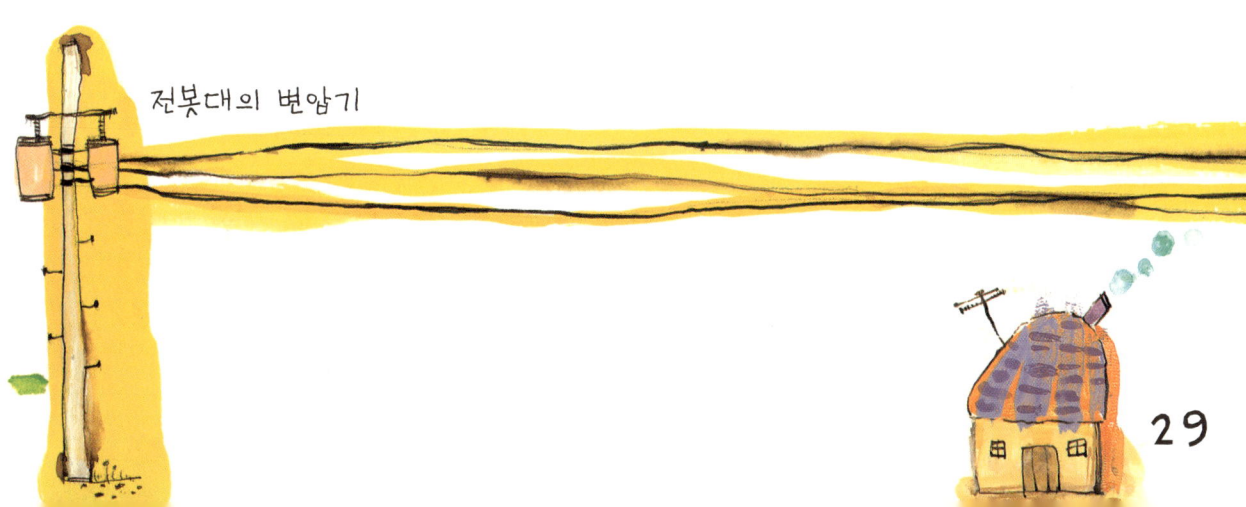

전봇대의 변압기

전선 위의 새들은 왜 안전할까?

발전소에서 내보낸 전기는 땅 속의 케이블이나 공중의 전선을 통해서 전달되기 때문에 비교적 지상에 사는 사람들은 안전하게 생활할 수 있어요. 하지만 전선에는 고압 전류가 흐르기 때문에 항상 조심해야 합니다.

그런데 시도 때도 없이 전선 위에 날아와 앉는 새들은 왜 안전한 걸까요?

고압전류 때문에 감전이 돼서 떨어지는 새는 한 번도 본 적이 없습니다.

전선 위의 새들을 자세히 관찰해 보면 모두 양쪽 발을 한쪽 전선 위에만 올려놓고 있어요. 그런데 전기는 +에서 -로 연결되어 있지 않으면 통하지 않지요. 바로 그 이유 때

문에 새의 몸에는 전기가 통하지 않아요.

전기는 새의 몸을 통과하는 것보다 전선을 통과하는 것이 훨씬 쉬워서 대부분 전선을 통과합니다. 그런데 만일 새가 2개의 전선에 각각 한 발씩을 올려놓게 되면 1개의 전선에서 다른 전선으로 전기가 통하게 되어 둘을 연결하고 있는 새는 감전이 될 거예요.

그런데 새들은 정말 전기의 성질을 알고 한쪽 전선에만 앉는 것일까요?

요-점-정-리

발전소에서 만들어진 전기는 전선을 타고 변전소를 지나 전봇대의 변압기를 통과해 집 안으로 들어온다.

7. 쇠로 만든 배는 어떻게 물에 뜨지?

가벼워야 뜬다?

동전을 물에 넣으면 금방 가라앉는 것을 볼 수 있습니다. 그런데 쇠로 만든 무거운 배는 바다 위를 떠서 가지요. 이게 어찌된 일일까요?

모든 물체는 지구가 끌어당기는 힘, 즉 중력의 영향을 받아 아래로 떨어집니다. 그런데 어떤 경우는 그 반대의 힘이 생길 때가 있어요. 물체가 물이나 공기 속에 있을 때 중력의 반대 방향인 위로 올라오는 현상이지요.

이처럼 기체나 액체 속에 있는 물체가 아래가 아닌 위로 떠오르려는 힘을 '부

력'이라고 합니다. 바다에 배가 떠서 가는 이유는 바로 이 부력의 원리 때문이에요. 배를 만들 때 밑 부분을 둥글게 하고 배 속을 비우는 건 부력을 많이 받기 위해서랍니다.

동전보다 배가 훨씬 무거운데 왜 동전은 가라앉고 배는 뜨는 거지?

요점정리
물체가 기체나 액체 속에서 중력의 반대방향으로 떠오르는 것을 부력이라고 한다.

향유고래와 잠수함은 어떻게 물속 깊이 가라앉을까?

깊은 바다 속에 사는 생물 중에 향유고래라는 것이 있어요. 향유고래는 몸의 길이가 15미터가 넘고 몸무게가 40~57톤이 나가는 거대한 고래입니다. 머리 크기는 몸통의 3분의 1일을 차지하지요. 향유고래는 보통 수심 1천 미터에서도 자유롭게 활동하고, 때론 먹이를 찾아 수심 3천 미터까지도 내려가는 것으로 알려져 있어요.

향유고래가 부력을 이기고 깊은 곳까지 잠수해 들어갈 수 있는 것은 콧구멍 때문입니다. 고래의 머리 꼭대기에 콧구멍이 있는데, 깊은 곳에 들어가면 이 콧구멍으로 바닷물이 들어가 뇌 속의 물질을 딱딱하게 만듭니다. 그러면 부력이 줄어들어 깊은 곳에서 오랫동안 견딜 수 있는 것이죠. 하지만 위로 올라오면 다시 뇌 속의 물질이 연해지면서 부피도 늘고 부력도 커진답니다.

잠수함의 원리도 바로 부력을 조절하는 데 있습니다. 잠수함에는 거대한 물탱크가 있지요. 잠수함이 떠 있는 동안에는 이 물탱크가 비어 있습니다. 그런데 잠수할 때가 되면 잠수함은 물탱크의 문을 열어서 바닷물을 채운답니다.

강낭콩은 어떻게 해서 싹이 틀까?

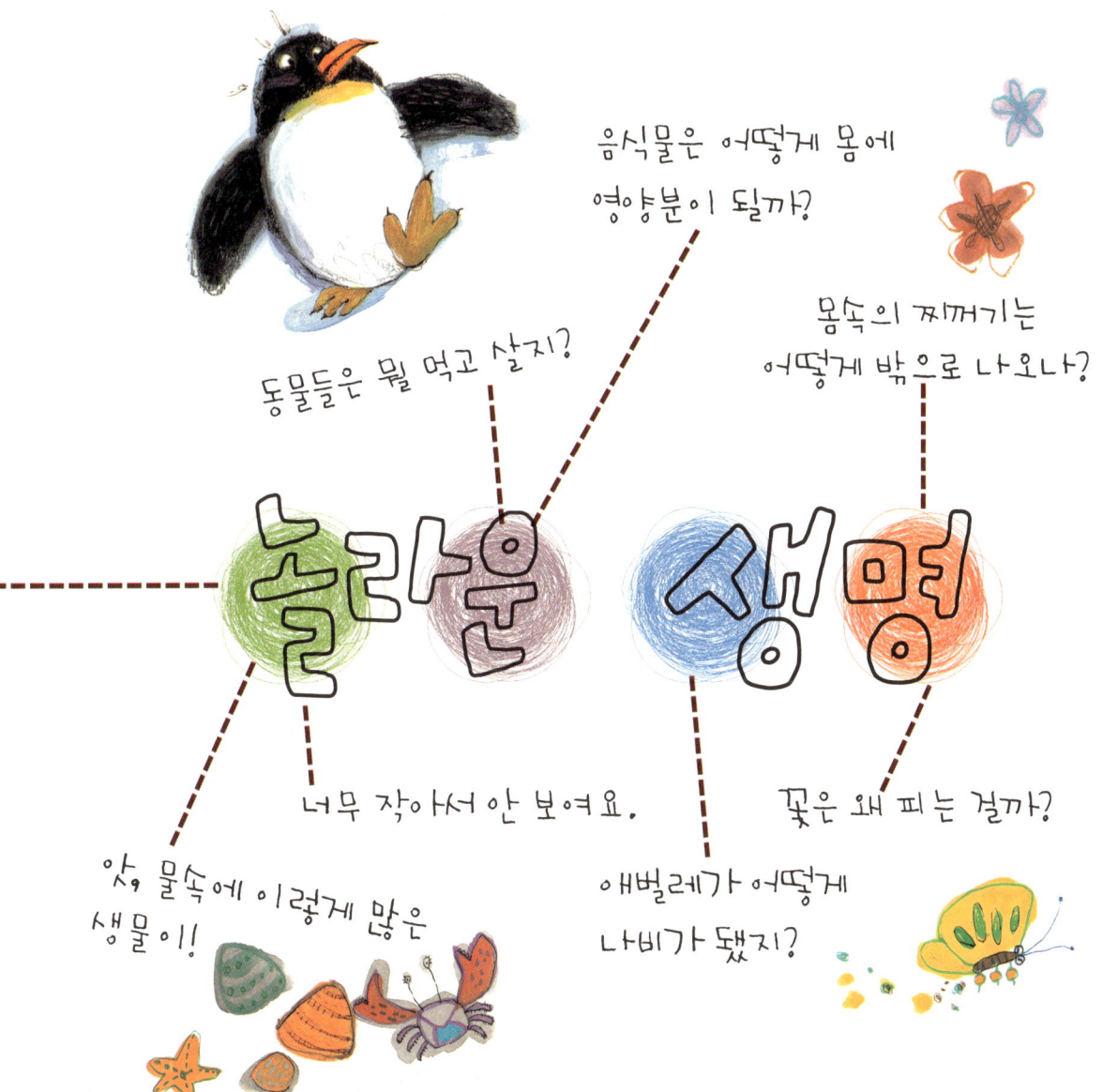

8. 강낭콩은 어떻게 해서 싹이 틀까?

강낭콩의 일생

사람이 엄마 뱃속에서 태어나 죽을 때까지를 '한 평생'이라고 하지요. 그렇다면 식물들은 어떨까요?

강낭콩의 한살이는 강낭콩 씨앗에서 출발합니다. 먼저 씨앗에 충분한 흙을 덮어 심습니다. 이때 너무 깊게 심으면 산소가 부족해 싹이 트지 않고, 너무 얕게 심으면 건조해서 마르기 쉽죠. 즉 적당한 공기와 물이 필요합니다.

씨앗을 심고 4~5일이 지나면 씨가 부풀어 올라 껍질이 터져 어린 뿌리가 자라기 시작하고 한 쌍의 잎이 나옵니다.

이후 2~3일이 더 지나면 떡잎 사이로 어린 잎이 나오는데, 이때부터 잎은 햇빛을 통해 양분을 만드는 일을 하면서 녹색을 띠게 되지요. 가지와 잎의 수는 어느

정도 자란 후에는 더 이상 자라지 않습니다.

이대로 40~50일 더 관찰해 보면 잎과 줄기 사이에서 꽃이 피는 것을 볼 수 있어요. 그리고 이 꽃이 지고 난 자리에 꼬투리가 생기는데, 이 꼬투리 속에 4~5개의 씨앗이 들어 있어요. 씨앗은 이듬해 싹이 터서 새로운 강낭콩이 됩니다.

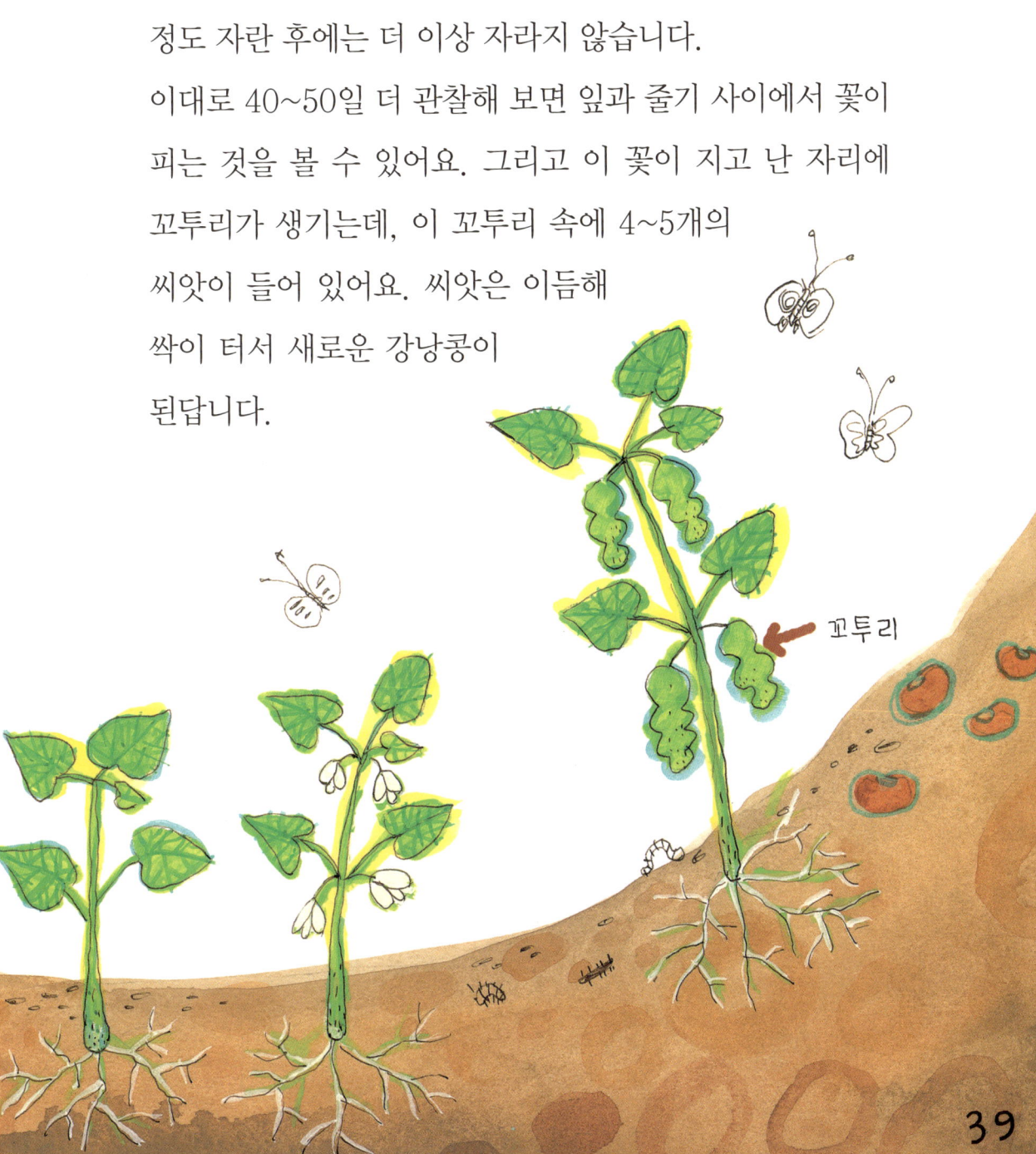

꼬투리

식물의 싹이 트기 위해 필요한 것들

강낭콩 씨앗이 싹이 트고 자라나는 데는 어떤 조건들이 필요할까요?

먼저 싹이 트는 데는 반드시 물이 필요합니다. 물이 없으면 싹이 트지 않지요. 그리고 에너지가 필요한데, 이 에너지는 공기 중의 산소를 흡수해야만 얻을 수 있습니다.

물과 산소가 있어도 싹이 트기에 알맞은 온도를 유지하지 못하면 싹이 트지 않습니다. 추운 지방에 씨앗을 뿌리면 잘 자라지 않지요.

물과 공기, 온도 외에도 식물이 싹이 트고 자라는 데 필요한 요소로는 흙과 같은 토양을 빼놓을 수 없지요. 식물은 뿌리를 통해 흙속에서 양분을 얻기 때문입니다.

또 한 가지, 식물이 자라는 데 없어서는 안 될 필수요소로 햇빛을 들 수 있습니다. 싹이 트는 과정에서는 씨앗 자체가 가지고 있는 영양분을 쓰지만 싹이 돋은 후 잘 자라게 하는 데는 햇빛의 역할이 매우 중요하기 때문입니다.

요 점 정 리
식물이 싹이 터서 자라나 열매를 맺기 위해서는 물과 공기, 일정한 온도와 토양, 햇빛 등이 필요하다.

9. 애벌레가 어떻게 나비가 됐지?

애벌레의 놀라운 변신

배춧잎 속에 꾸물꾸물 기어 다니는 초록색 벌레를 보고 놀라본 적 있나요? 아주 징그럽게 생긴 이 벌레가 사실은 아름다운 빛깔의 날개로 팔랑팔랑 날아다니는 나비의 어린 시절이라니, 잘 믿어지지 않지요?

식물이 씨앗에서부터 출발하듯이 곤충인 배추흰나비는 알에서부터 시작하지요.

어미 나비는 알에서 깨어난 애벌레가 쉽게 먹이를 구할 수 있도록 배춧잎 같은 식물에 알을 낳지요. 알은 아주 작고 연한 황록색을 띠지만 차츰 주황색으로 바뀌어

알

애벌레

42

3~6일이 지나면 알에서 깨어나 애벌레가 됩니다. 이를 '부화'라고 하지요.

애벌레는 점점 몸집이 커지면서 피부가 몸에 맞지 않아 허물을 벗는데, 다섯 번 정도 허물을 벗지요. 이 과정을 '탈피'라고 합니다.

마지막으로 탈피를 하면 번데기가 되어 안전한 장소에 매달립니다.

번데기는 겉으로 보면 전혀 움직임이 없는 것처럼 보이지만 안에선 나비가 되기 위한 기관들이 착착 만들어지고 있지요. 마침내 이 과정이 완성되면 성충이 날갯짓을 하며 밖으로 나오는 것이지요.

짜잔!

번데기

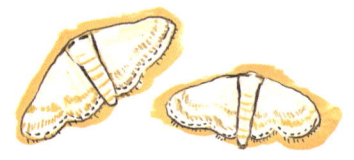

지구 상에 곤충들이 가장 많이 존재하는 이유는?

곤충은 지구 상에 살아가는 전체 동물 중 약 4분의 3을 차지한답니다. 현재까지 기록된 곤충의 종수만 해도 약 300만에 이르지요.

곤충들은 한 번에 보통 어느 정도의 알을 낳을까요? 종류에 따라 약간의 차이가 있지만, 대개 1년에 수백, 수천 개의 알을 낳습니다. 그런데 그 많은 알들이 모두 부화해서 곤충이 되는 건 아니에요. 다른 동물의 먹이가 되는 양이 곤충이 되는 것보다 훨씬 많아요.

나 보이니?

그래서 곤충들은 자신을 보호하기 위한 생존 방법을 가지고 있어요. 새들이 활동하는 낮에는 쉬었다가 밤에 움직인다거나, 갈색 나방은 낙엽이나 나무줄기에, 하얀 나방은 하얀 벽이나 돌에, 녹색 나방은 푸른 잎이나 이끼에 앉아 꼼짝 않고 있는 것이지요. 또 호랑나비 애벌레는 새의 분비물과 비슷해서 새가 가려내기가 힘들고요. 무당벌레 같이 화려해서 눈에 잘 띄는 벌레는 새가 먹으면 대개 배앓이를 한답니다. 새는 한번 먹고 탈이 난 것은 다시 먹지 않는 습관이 있어서 다음부터는 화려한 곤충을 잡아먹지 않지요. 이것 외에도 곤충들은 다양한 생존 방법을 통해 살아가고 있답니다.

요점정리

곤충들은 알 → 애벌레 → 번데기 → 성충으로 모습을 바꾸며 성장하는데, 이를 '변태'라고 한다.

10. 앗, 물속에 이렇게 많은 생물이!

물속의 작은 생물들

우리는 흔히 연못 속에는 물고기만 있다고 생각하기 쉽습니다. 하지만 아주 작아서 눈에 잘 보이진 않지만 수많은 생물들이 살고 있답니다.
플라나리아는 물속의 낙엽 쌓인 곳이나 돌 밑 등 햇빛이 직접 비치지 않는 곳에 숨어 사는데 특이하게도 항문이 없

어 입으로 배설하죠. 몸을 가로나 세로로 잘라도 다시 생겨난답니다.

모기의 애벌레인 장구벌레는 크기가 약 4~7밀리미터로 아주 작고, 몸이 여러 개의 마디로 되어 있어요.

하루살이 애벌레는 꼬리가 2~3개고 더듬이와 눈이 한 쌍씩 있습니다. 물속에 살다가 하루살이가 되면 물 밖으로 날아가지요.

물 위에는 소금쟁이, 물맴이 등이 떠 있고 물속엔 붕어와 잉어, 물자라, 송사리 떼들이 헤엄쳐 다녀요. 바닥을 들여다보면 우렁이와 다슬기가 살고 있습니다. 이 외에도 다양한 미생물이 살고 있는데요, 이들을 플랑크톤이라고 부르지요.

물속에 산다고 다 어류가 아니에요

물속에 사는 동물은 어떻게 숨을 쉬고 어떻게 먹이를 구할까요?

우선 물속에서 호흡을 하려면 육지에 사는 동물과는 다른 호흡기관을 가져야 하겠지요. 그것이 바로 아가미 입니다. 동물의 폐에 해당하는 기관이지요. 깃털처럼 생겼고 혈액이 많이 지나가기 때문에 붉은 색을 띱니다.

한편 물속에서 생활하지만 어류가 아닌 것들도 많습니다. 해파리(자포동물)나 불가사리(극피동물), 조개류(연체동물), 가재(갑각류) 등은 비록 물속에 살지만 어류가 아닙니다.

그럼, 고래와 돌고래는

어류일까요, 아닐까요? 역시 어류가 아닙니다. 이들은 물고기와 같은 방식으로 생활하지만 사람과 같은 포유류에 속하지요. 물개와 바다사자 역시 포유류입니다.

이렇게 물속은 정말 다양한 생물들의 터전이 되고 있지요.

요점정리

물속에는 하등동물에서 포유류까지 다양한 생물들이 서식하고 있다.

49

11. 꽃은 왜 피는 걸까?

꽃이 이렇게 복잡할 수가!

꽃은 그저 식물을 예쁘게 보이도록 하는 장식품이 아니랍니다. 꽃은 열매를 맺고 열매 속에 자손을 이어갈 새로운 씨를 만드는 아주 중요한 부분이지요. 말하자면 꽃은 식물의 생식기관이랍니다.

식물은 수꽃의 꽃가루가 암꽃으로 옮겨가서 만나야 씨가 자라게 되지요. 이 과정을 '수분'이라고 합니다.

꽃의 겉모습은 매우 다양하지만 대부분의 꽃들은 이러한 수분이 이루어질 수 있는 구조를 가지고 있지요.

꽃 속에는 생식을 담당하는 암술과 수술이 있고 꽃잎과 꽃받침이 이것을 보호하고 있어요. 수분은 한 꽃 안에 있는 꽃가루가 암술에 붙는 경우도 있지만 대부분은 다른 수꽃의 꽃가루가 멀리 떨어진 암꽃으로 이동해 수분을 해요.

암술은 암술머리, 암술대, 씨방으로 이루어졌는데, 암술머리로 꽃가루를 받습니다. 씨방 속에는 나중에 씨가 되는 밑씨가 들어 있어요. 암술 주위에는 수술이 나 있는데 꽃가루가 생기는 주머니와 그것을 지탱해 주는 수술대로 이루어져 있습니다.

한편 꽃잎을 받치고 있는 꽃받침은 사과나 배처럼 나중에 열매의 한 부분으로 변하는 경우가 있는가 하면, 민들레처럼 깃털로 변해 씨앗이 퍼지는 것을 도와주기도 하지요.

수분은 어떻게 이루어질까?

그렇다면 가만히 있는 수꽃과 암꽃 사이에서 수분은 어떻게 이루어질까요? 씨가 자라려면 수꽃의 꽃가루가 암꽃의 씨방 속에 들어 있는 밑씨까지 도달해야 하는데 그런 일이 어떻게 가능할까요?

식물은 한 자리에서 꼼짝할 수 없으니 바람과 같은 자연현상이나 다른 동물들의 힘을 빌린답니다.

버드나무는 바람을 이용해 꽃가루를 날려서 수분을 하지요. 수꽃의 꽃가루는 바람에 실려 암꽃을 찾아간답니다.

꿀벌이나 나비 같은 곤충이 꽃에 앉을 때 다리나 털에 수술을 묻혔다가 이동하면서 암꽃에 옮기기도 하지요. 꽃이 아름다운 색과 냄새, 꿀을

만드는 이유는 바로 곤충들을 유혹하기 위해서랍니다.
한편 따뜻한 지방에서는 새와 박쥐도 꿀을 빨기 위해 꽃을 옮겨 다니면서 꽃가루를 옮기기도 하지요.
이렇게 수분이 이루어지면 나중에 달거나 신맛이 나는 열매가 열린답니다.

요점정리

꽃에는 생식기관인 암술과 수술이 있고, 수꽃의 꽃가루가 암꽃의 암술에 옮겨져 수분이 일어나면 씨앗으로 자란다.

12. 동물들은 뭘 먹고 살지?

동물들의
먹이전쟁

아프리카의 야생초원인 세렝게티의 어느 아침 풍경을 볼까요? 아침 일찍부터 먹이를 찾던 치타는 첫 사냥감으로 톰슨가젤을 발견합니다. 치타는 풀 뒤에 숨어 있다가 무리에서 뒤떨어진 톰슨가젤을 재빨리 낚아채 목을 물어 숨통을 끊지요.

그런데 먹이를 안전한 곳으로 운반하던 중, 초원의 무법자 하이에나와 만나고 말았습니다. 치타는 어쩔 수 없이 하이에나에게 먹이를 내주어야 했지요. 싸우다가 몸을 다치면 먹이사냥을 하기가 어려워지기 때문이에요. 하이에나는 희희낙락하며 공짜로 얻은 먹이로 포식을 할 수 있을까요?

초원의 무법자 하이에나

야생초원에선 안심할 수 없습니다. 곧바로 사자가 나타나 하이에나가 맛도 보지 못한 먹이를 차지하지요.

동물들의 세계에선 이처럼 힘이 약한 동물이 힘센 동물에게 먹이를 빼앗기는 일이 자주 있지요. 그래서 동물들은 이 치열한 먹이전쟁에서 살아남기 위해 다양한 사냥기술을 익히고 적이 나타났을 때 위장하는 법을 터득하지 않으면 안 됩니다.

펭귄은 왜 추운 곳에 살아도 얼어 죽지 않을까?

펭귄의 몸속에는 아주 많은 양의 지방층이 쌓여 있어요. 이 지방층이 추위로부터 펭귄을 보호해 주는 속옷 역할을 한답니다. 펭귄의 몸이 뚱뚱한 것도 바로 지방 때문이에요. 몸속의 지방은 먹을 것이 없을 때 영양분으로도 쓰여요. 그래서 추위로 먹을 것을 구하지 못해 굶어도 얼마동안 잘 견딜 수 있지요.

또 펭귄의 몸은 아주 많은 짧은 깃털로 뒤덮여 있어요. 이 깃털은 우리가 겨울에 입는 두꺼운 오리털 점퍼보다도 더 따뜻해요.

안 추워!

발도 두꺼워!

또 깃털에는 기름기가 많아서 헤엄을 치기에도 좋지요. 물이 잘 스며들지 않아 얼어붙을 염려도 없고요.

그래도 펭귄의 발이 시리지 않을까 걱정되지요? 걱정하지 마세요. 펭귄은 온몸에 따뜻한 피가 돌아서 얼음에 발을 디뎌도 동상에 걸리지 않아요. 발바닥이 두꺼워서 차가운 기운이 스며들지도 않지요. 하지만 펭귄이 사는 남극은 너무너무 추운 곳이기 때문에 펭귄들은 수백 마리씩 모여 살면서 서로 온기를 나눈답니다. 서로의 체온만큼 따뜻하고 기분 좋은 건 없으니까요.

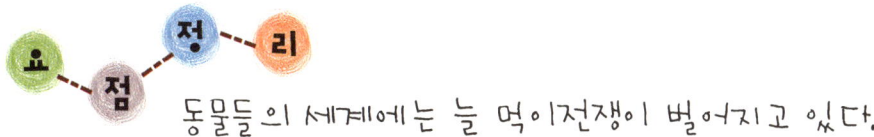

동물들의 세계에는 늘 먹이전쟁이 벌어지고 있다.

13. 너무 작아서 안 보여요.

동물도 아니고 식물도 아니라고?

지금, 여러분의 손바닥을 한번 들여다보세요. 살갗과 희미한 핏줄이 보이지요? 또 다른 것은요? 다른 것은 보이지 않나요?

하지만 현미경으로 보면 눈으로 볼 땐 보이지 않던 수많은 세균들이 발견될 거예요. 손을 잘 씻지 않았다면 세균들의 숫자는 훨씬 더 많겠지요?

세균처럼 눈으로 볼 수 없이 작은 생물들을 '미생물'이라고 합니다. 우리 주변에는 이런 미생물들이 존재하지요.

이들은 땅속, 물, 공기, 동식물의 몸속 어디든 적당한 온도와 습도, 산소가 있으면 발을 붙이고 삽니다.

그런데 대부분 미생물이라고 하면 전염병을 일으키는 병균을 먼저 떠올리는데, 미생물의 일부만이 질병을 일으킬 뿐, 좋은 곳에 쓰이는 미생물도 많답니다.

간장 맛을 내는 데는 누룩곰팡이가 쓰이고, 된장은 효모를 이용한 것이고, 식초와 요구르트는 각각 아세트산균과 유산균 같은 미생물이 필요하답니다.

미생물은 자연계의 청소부?

미생물의 활약상은 여기서 끝이 아닙니다. 미생물은 아주 작아서 하찮게 여길 수 있지만 생태계에서 없어서는 안 될 중요한 생물입니다.

그럼 대체 무슨 일을 할까요? 바로 청소입니다.

가령, 기르던 강아지가 죽으면 땅에 묻지요. 사람도 죽으면 땅에 묻습니다. 그런데 땅 속에 묻은 시체가 시간이 지나면 없어지는 것을 볼 수 있습니다. 땅속에서 썩어서 흔적도 없이

사라지지요. 이때 동물의 시체를 썩게 만드는 것이 바로 미생물입니다. 미생물에게는 생물체를 분해하는 능력이 있거든요.

미생물은 생물체를 분해할 뿐 아니라, 이를 다시 자연에 활용될 수 있는 형태로 만들기도 합니다. 미생물에 의해 썩은 동물이나 식물은 새로 자라는 식물들에게 다시 영양분으로 쓰이지요. 이런 미생물의 활약 때문에 자연에 존재하는 식물들이 별다른 영양제나 퇴비를 주지 않는데도 잘 자랄 수 있는 것입니다.

너무 작아서 하찮다고 생각했던 미생물이 만약 지구에 없다면 어떤 일이 생길까요? 지구는 온통 죽은 생물체로 뒤덮이고 말 겁니다. 다행히 우리에게는 지구의 청소부, 미생물들이 있어서 정말 안심이에요.

요점정리

세균처럼 눈으로 볼 수 없는 작은 생물을 '미생물'이라고 한다.

14. 음식물은 어떻게 몸에 영양분이 될까?

매일 먹어도 배가 터지지 않는 이유?

우리 몸은 매일매일 음식물을 먹어 몸에 필요한 영양분을 얻지 않으면 활동을 할 수가 없어요. 음식물이 곧 우리 몸의 에너지가 되기 때문입니다.

그런데 매일 음식물을 먹어도 왜 우리는 다음 날이면 어김없이 또 배가 고플까요? 그 많던 음식들은 다 어디로 갔을까요?

그것은 바로 음식물이 우리 몸을 지나는 과정에서 잘게 분해되고, 여러 가지 화학작용을 일으켜 영양분으로 흡수되고 나머지는 몸 밖으로 배설되어 나오기 때문이에요. 이 과정을 '소화' 라고 부른답니다.

음식물의 소화 과정은 음식물이 숟가락을 떠나 우리 입속으로 들어가는 순간부터 몸 밖으로 배설물이 나오기까지 꼬박 하루 동안 느리게 진행이 되지요.

이때 입 속을 통과한 음식물은 반드시 소화기관을 따라서 내려오게 돼 있어요. 그리고 각 소화기관은 각기 다른 소화효소를 내보내 음식물을 분해한답니다.
이렇게 분해된 음식물은 소화기관을 통해 우리 몸에 필요한 영양소로 바뀌어 흡수되고, 이는 매일 우리가 활동하는데 필요한 에너지로 쓰이고 있답니다.
따라서 매일 음식물을 먹어도 배가 터질 걱정은 할 필요가 없지요.

음식물의 몸속 여행

소화는 입 안에서 음식물을 씹는 데서부터 시작됩니다. 음식물은 소화되기 쉽도록 작은 입자로 부수어지지요. 음식물을 씹는 동안 우리 입 속에는 침이 고이는데요, 침에서도 음식물의 소화를 돕는 효소가 나온답니다.

이제 목구멍으로 꿀꺽 삼킨 음식물은 음식물이 지나다니는 길인 '식도'를 타고 내려가서 '위장'에 도착합니다. 밥을 먹으면 유독 왼쪽 배가 더 나오는데, 바로 위장이 배의 왼쪽에 위치해 있기 때문이에요.

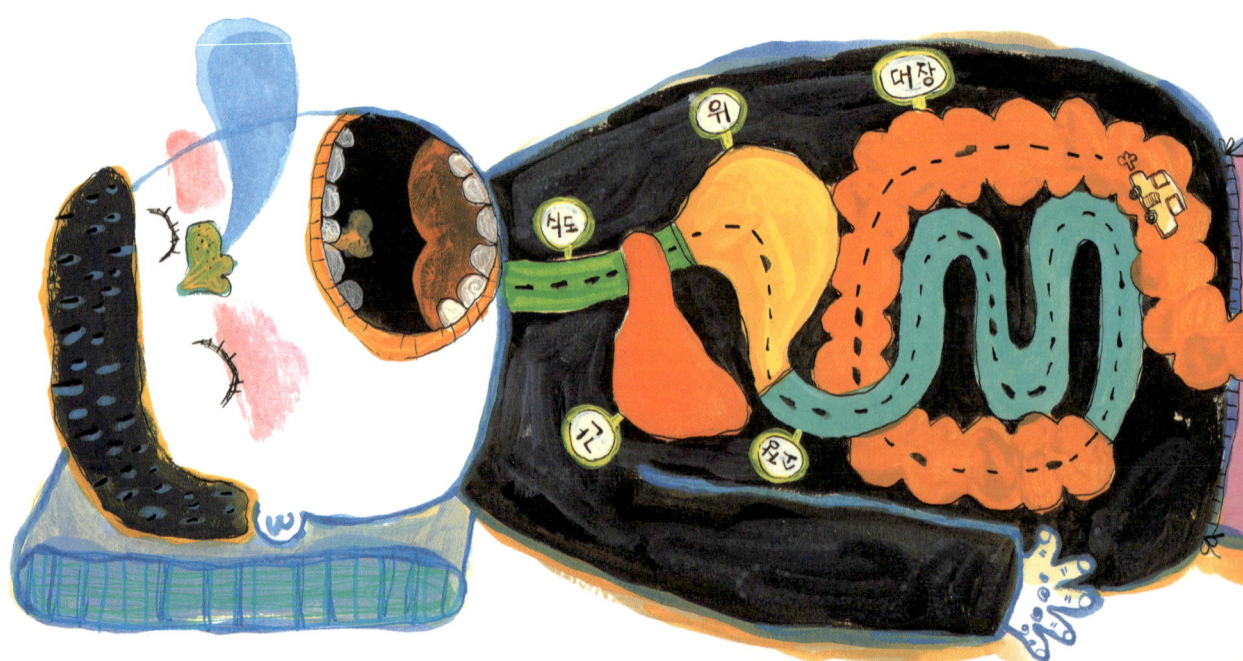

음식이 위장으로 들어오면 위벽에선 소화액인 위액이 나옵니다. 위장은 위벽의 근육을 계속 움직여서 음식물과 위액을 잘 섞지요. 위액과 섞인 음식물은 걸쭉한 액체상태가 되어 작은창자라고 불리는 '소장'으로 이동합니다.

소장은 아랫배에 위치해 있는데요, 구불구불한 관이 길게 이어져 있는 형태랍니다. 소장에서도 음식물을 몸에 흡수하기 좋은 상태로 완전히 소화시킵니다. 음식물의 소화와 영양분의 흡수가 대부분 소장에서 이루어진다고 해도 과언이 아닙니다.

소장에서 소화 흡수가 일어난 뒤에도 음식물은 여전히 남아서 '대장(큰창자)'으로 이동합니다. 대장에선 남아 있는 음식물의 수분이 흡수되고, 남은 찌꺼기는 점점 굳어져서 '직장'으로 보내집니다. 그리고 얼마 안 있어 이 찌꺼기들은 항문을 통해 우리 몸 밖으로 배출된답니다.

15. 몸속의 찌꺼기는 어떻게 밖으로 나오나?

우리 몸속의 찌꺼기에는 무엇이 있을까?

우리는 매일 아침 세수를 하고 자주 목욕을 하지요. 그러지 않으면 먼지와 때로 몸이 더러워질 뿐 아니라 건강에도 아주 좋지 않기 때문이에요.

그런데 우리 몸속은 어떤가요? 우리 몸속도 얼굴을 닦고 휴지통을 비우듯이 청소할 수는 없는 걸까요? 대체 우리 몸속에 쌓이는 찌꺼기들은 어떻게 처리가 되는 걸까요?

우리 몸속에도 불필요한 찌꺼기들이 있어요. 매일매일 음식을 먹고 호흡을 하고 각 기관들이 일을 하다보면 몸에 필요 없는 노폐물

이나 해로운 물질들이 생겨나곤 하지요. 음식물이 소화, 흡수되고 난 뒤에 대장으로 보내지는 음식 찌꺼기들도 그 중의 하나예요. 만약에 이러한 노폐물들이 밖으로 나오지 않고 몸 안에 계속 쌓인다면 어떤 일이 생길까요? 생각만 해도 끔찍하지요? 우리 몸은 아주 해로운 물질들로 가득 차서 건강하게 지낼 수 없을뿐더러 살아 있기조차 힘들어질 거예요. 그런데 다행스럽게도 우리 몸은 이러한 물질들을 그때그때 몸 밖으로 내보내는 다양한 활동을 하고 있답니다. 몸 안의 불필요한 노폐물을 몸 밖으로 내보내는 일을 '배설'이라고 하는데요, 우리 몸의 다양한 배설활동에는 무엇이 있는지 알아볼까요?

땀, 소변, 대변 그리고 방귀!

우리 몸의 피부를 현미경으로 자세히 들여다보면 수많은 구멍이 나 있는 걸 알 수 있어요. 이것이 바로 땀구멍이랍니다. 바로 이 구멍을 통해 땀이 분비되면서 우리 몸속의 노폐물도 함께 빠져나온답니다.

한편, 오줌이라고 부르는 소변은 신장이란 기관에서 만들어지는 노폐물입니다. 피가 몸속에 필요 없는 찌꺼기를 신장으로 운반해 주면 신장에서 물과 노폐물로 걸러져서 오줌이 되어 방광으로 보내지지요. 소변은 방광에 저장되다가 꽉 차면 신호를 보내서 몸 밖으로 배출하죠. 그렇다면 대변은 어떨까요? 우리가 '똥'이라고 부르는

대변은 소화과정에서 분해되어 영양분으로 몸에 흡수되고 남은 찌꺼기가 몸 밖으로 배출되는 것을 말하는데요, 똥은 대장에서 만들어지는데 거의가 수분이고 나머지는 딱딱한 찌꺼기 성분으로 이루어진 누런색의 노폐물입니다.

잠깐, 방귀는 음식을 먹고 소화시키는 과정에서 생기는 불필요한 기체가 항문을 통해 빠져나올 때 소리와 냄새를 내는 현상이지요.

눈에 보이지 않는 공기,
왜 중요할까?

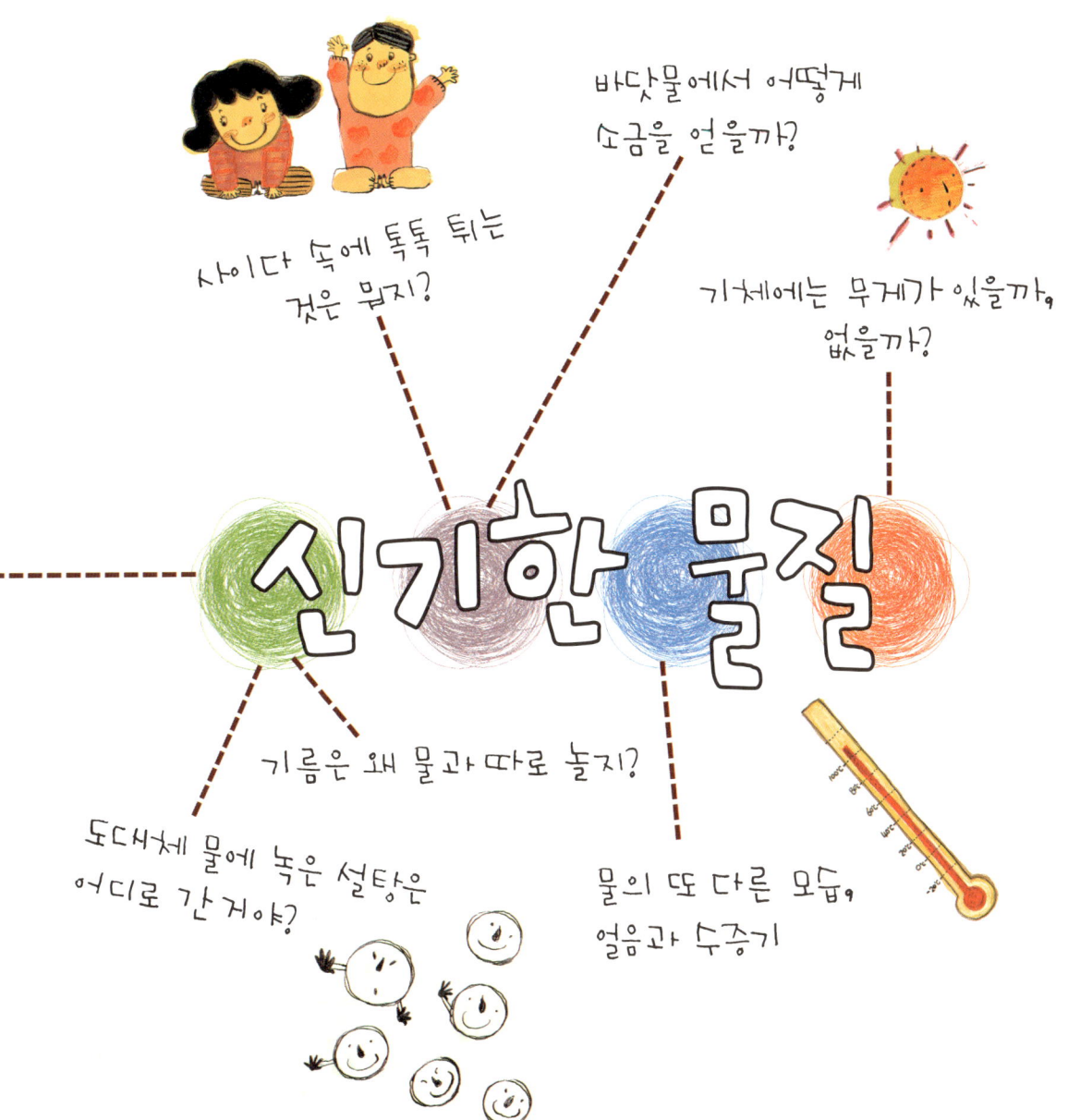

16. 눈에 보이지 않는 공기, 왜 중요할까?

공기는 지구를 덮고 있는 투명한 옷?

자, 단 1분만이라도 숨을 참고 있어 보세요. 가슴이 답답해지죠? 그리고 좀더 지나면 실제로 생명의 위험을 느낀답니다. 그만큼 공기는 우리가 살기 위해 없어서는 안 될 중요한 물질이에요. 그런데 우리는 이 공기에 대해서 얼마나 잘 알고 있을까요?

공기가 없었다면 지구는 뜨거운 태양의 열과 빛, 우주에서 날아드는 먼지와 운석에 직접 공격을 받아서 생물이 살기 힘들었을 거예요. 그래서 고대

과학자들은 이러한 공기를 아주아주 중요한 물질로 여겼어요.

공기는 숨을 쉬는 데만 필요한 게 아니에요. 공기는 소리를 전달하고 불을 만들고 날씨의 변화를 일으키는 역할도 한답니다. 대단하죠?

그런데 과학자들은 이처럼 중요한 공기 속에 여러 가지 기체들이 섞여 있다는 사실을 밝혀냈어요. 즉, 공기는 78퍼센트의 질소와 21퍼센트의 산소, 그리고 이산화탄소와 아르곤 등이 1퍼센트 섞여 있는 혼합물이랍니다. 이처럼 공기 속에 존재하는 여러 가지 물질들이 다양한 작용과 반응을 일으키는데 그것이 바로 공기의 역할이랍니다.

산소, 너 없인 살 수 없어!

공기 중에 섞여 있는 산소는 어떤 역할을 할까요? 산소는 공기 중의 21퍼센트를 차지하는 기체로서, 눈에 보이지 않고 냄새도 없습니다. 그리고 물에 잘 녹지도 않고 실제로는 공기보다 무겁지요.

하지만 산소의 중요한 성질 중의 하나는 바로 다른 물질을 타게 한다는 점이죠. 그럼 우리가 숨을 쉴 때 몸속으로 들어온 산소는 무얼 태우는 걸까요? 바로 몸속에 있는 영양분을 태운답니다.

몸속의 영양분을 태우면 어떤 결과가 나올까요? 재가 나온다고요? 보통 무언가를 태우면 재가 나오지만 우리 몸속에서는 다릅니다. 산소가 몸속의 영양분을 태우면 연기나 재가 나오는 대신 에너지가 만들어지죠. 우리가 살아 숨 쉬고 활동하는데 꼭 필요한 것이 바로 이 에너지입니다.

그러므로 우리가 호흡을 한다는 것은 공기 중에 있는 산소를 소비해서 우리가 살아가는데 필요한 에너지를 얻는다는 뜻이죠.

요점정리

산소는 몸속의 영양분을 태워 에너지를 만든다.

17. 도대체 물에 녹은 설탕은 어디로 간 거야?

설탕 알갱이가 물 알갱이 사이로 쏘옥

물과 같은 액체는 다른 물질을 녹이는 성질을 가지고 있어요. 하지만 물질 중에는 물에 잘 녹는 것도 있고 물에 녹지 않는 것도 있답니다.

금속이나 돌 같은 물질들은 물에 녹지 않지요. 하지만 설탕이나 소금 등은 물에 잘 녹습니다.

똑같은 고체인데 금속과 돌은 녹지 않고, 설탕과 소금이

녹는 이유는 바로 '분자' 때문이에요. 금속이나 돌은 작은 분자들이 단단하게 결합되어 있어 녹지 않는 거랍니다.

그러나 설탕과 소금은 분자의 결합이 약하기 때문에 물속에 넣고 휘저으면 쉽게 분자가 떨어져나가지요.

즉, 떨어져 나누어진 설탕 분자들은 물 분자들이 끌어당기면 물 분자들 사이로 쏘옥 끼어 들어가는 것이죠. 이 과정을 '용해'라고 한답니다.

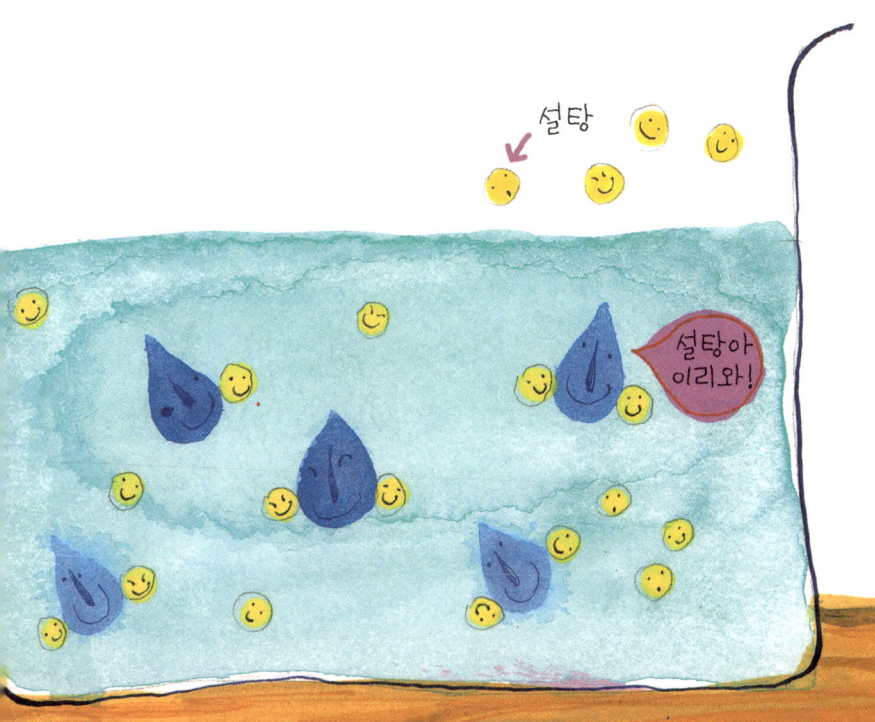

우유 속에는 무엇이 녹아 있을까?

여러분이 즐겨 마시는 우유 속에도 여러 가지 물질이 녹아 있어요. 단백질, 칼슘, 탄수화물, 나트륨, 철분, 엽산 등 다양한 성분이 들어 있지만 무엇보다도 우유에는 지방 알갱이들이 많이 녹아 있어요.

그런데 이 지방 알갱이는 물에 녹아 있는 설탕이나 소금 알갱이와는 조금 차이가 있어요.

우선 설탕이나 소금 알갱이는 크기가 아주 작아서 물에 녹으면 빛을 통과시켜 투명하기 때문에 마치 사라진 것처럼 보이지요.

하지만 이것보다 큰 지방 알갱이는 우유 속에 떠다니면서 빛을 반사시키기 때문에 하얀 빛깔을 낸답니다. 우유가 하얀색을 띠는 건 바로 이 지방 알갱이들 때문이에요.

이런 특성 때문에 우유를 원심분리기에 넣고 작동시켜 수분을 빼내면 바로 '생크림'이 나오는 거예요. 그리고 여기서 수분을 더 빼내면 지방 알갱이들이 물 알갱이들을 둘러싸서 일종의 반고체 상태가 되는데, 이게 바로 '버터'랍니다.

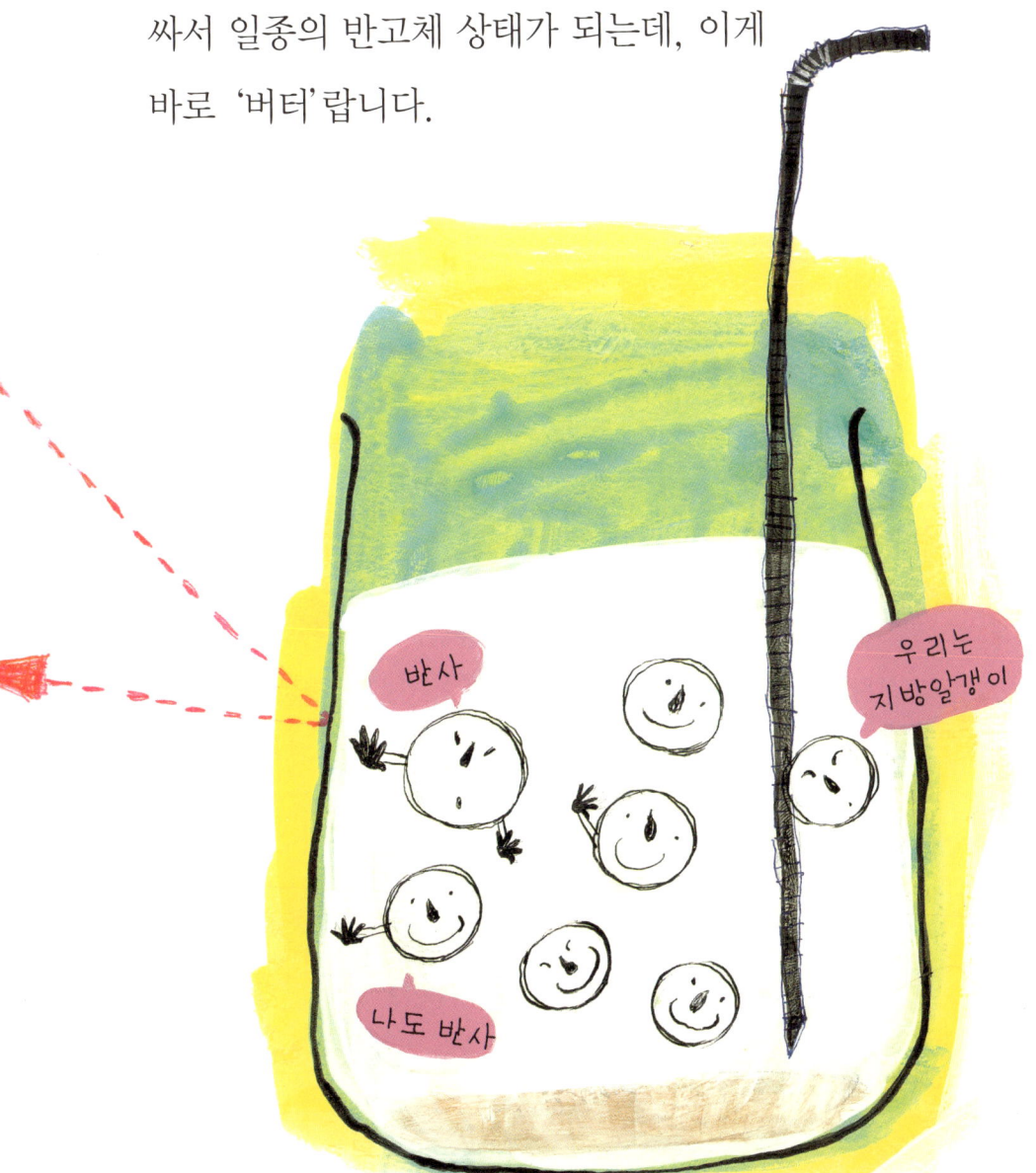

18. 기름은 왜 물과 따로 놀지?

물과 기름 사이

"저 애들은 물과 기름 사이야."

여러분들도 주변에서 이런 얘기를 들어본 적이 있지요? 물과 기름 사이는 보통 서로 친하지 않다는 뜻으로 쓰입니다. '물 위에 뜬 기름'이란 뜻도 서로 잘 어울리지 않고 겉돌 때 쓰는 표현이지요.

실제로 물 위에 식용유나 휘발유 등을 떨어뜨려 보면 물과 섞이지 않고 물 위로 뜨는 것을 알 수 있지요. 물과 기름을 한데 섞어서 신나게 흔들었다 놓아도 다시 1층은 물, 2층은 기름으로 뚜렷하게 분리되는 현상을 볼 수 있어요. 같은 액체인데도 왜 이렇게 물과 기름은 사이가 안 좋은 걸까요?

물과 기름이 섞이지 않는 것은 바로 '비중'의 차이 때문이에요. 비중이란, '같은 부피를 가진 두 물질의 질량의 비율'이랍니다. 여기서 잠깐! 부피란 물질이 차지하는 공간이고, 질량이란 물질의 양을 말한답니다.

이제 물과 기름 사이에 대한 오해가 풀렸나요? 둘은 원래부터 사이가 안 좋은 게 아니랍니다.

요점정리 기름이 물에 뜨는 이유는 기름의 비중이 물보다 작기 때문이다.

19. 바닷물에서 어떻게 소금을 얻을까?

바닷물 속에 숨어 있는 보석, 소금

요즘에는 소금이 아주 흔하지만 예전에는 매우 귀중한 것이었답니다.

고대에는 소금이 화폐로 쓰일 정도로 귀했답니다. 소금으로 월급도 주고 세금도 내고 다른 물건을 살 수도 있었죠. 물론 음식의 맛을 내는 데도 빠질 수 없었고요. 그래서 사람들은 옛날부터 소금을 얻기 위해서 많은 노력을 기울였답니다. 그럼 이렇게 귀한 소금은 어떻게 얻을까요?

아주 옛날에는 바닷물을 가마솥에 넣고 끓여서 소금을 만

들었답니다. 소금물을 가열해서 물을 증발시키고 소금을 남기는 방법으로, 일종의 증발법을 이용한 것이지요.

하지만 생각해 보세요. 바닷물에 들어 있는 소금의 양은 약 2.5퍼센트 정도입니다. 그러니까 25킬로그램을 얻으려고 해도 자그마치 1톤의 바닷물을 끓여야 하죠.

그래서 등장한 게 바로 염전입니다. 염전은 말 그대로 소금밭이죠. 그럼 소금밭에서 어떻게 소금을 얻는지 알아볼까요?

소금밭에서 소금을 얻는 방법

염전이란 소금을 얻기 위해서 바닷물을 끌어들일 수 있도록 논처럼 만든 소금밭을 말합니다. 해안가에 가면 염전을 종종 볼 수 있지요.

염전에 밀물 때에 밀려드는 바닷물을 끌어들여 가두어 두고, 몇날 며칠 햇빛과 바람 등의 천연에너지를 이용해 바닷물을 증발시키면 소금이 얻어진답니다. 이렇게 만들어진 소금을 '천일염'이라고 해요. 비교적 간단한 방법이지요. 천연에너지를 이용하니 연료가 들지도 않죠. 단 비가 적게 내리고 해가 오래 비치는 조건을 갖추어야 한다는 점이 있어요.

오늘날 우리가 이용하고 있는 소금은 지하자원에서 얻기도 하지만, 이처럼 바닷물을 이용해 인공적으로 얻는 것이랍니다.

요점정리 — 소금은 바닷물에 열을 가하거나 햇빛과 바람을 이용해 바닷물을 증발시켜 얻는다.

20. 물의 또 다른 모습, 얼음과 수증기

물은 온도 변화에 민감해요!

물은 색, 냄새, 맛이 없는 액체입니다. 수소 2개에 산소 1개가 결합된 형태의 분자 구조로 이루어져 있지요.

물은 특히 온도 변화에 민감해서 때에 따라 모습이 변한답니다. 0℃ 이하의 온도에서 물은 얼음이 되고, 그 이상에서는 액체인 물로 존재하지요. 하지만 100℃부터는 기체인 수증기가 되어 날아가 버린답니다.

이처럼 물이 온도에 따라 상태가 변하는 것은 온도가 올라감에 따라 분자운동이 활발해지기 때문이에요. 즉 고체 상태인 얼음에선 물 분자의 움직임이 거의 없지만, 열을 가하면 분자 운동이 일어나면서 액체가 됩니다. 그러다가 100℃ 이상으로 끓으면 분자의 움직임이 아주 자유로워져서 기체로 변해 날아가 버리게 되죠.

이때, 고체에서 액체로 변하는 과정을 '융해', 반대로 액체에서 고체로 변하는 과정을 '응고', 액체에서 기체로 변하는 것을 '기화', 기체에서 액체로 변하는 과정을 '액화'라고 부른답니다.

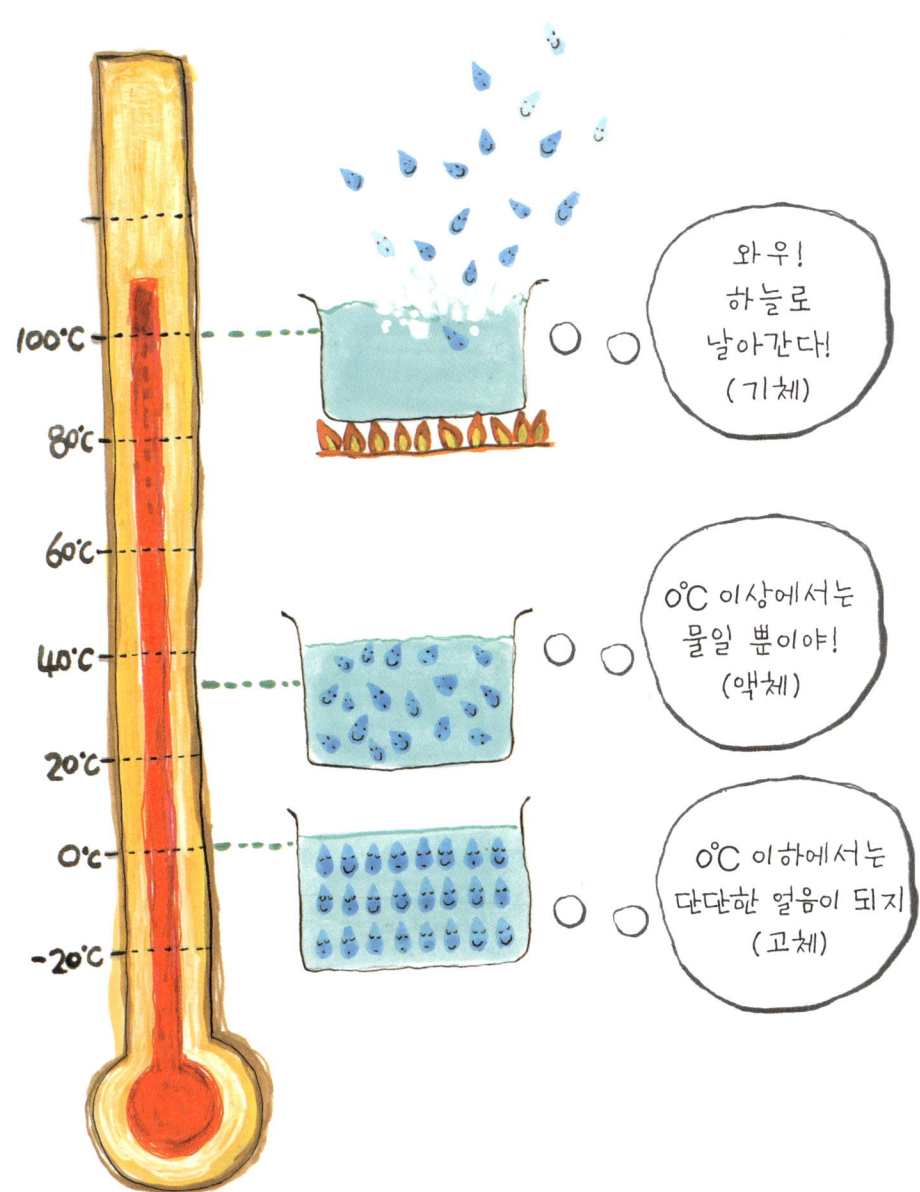

지형과 날씨를 좌우하는 물의 힘

온도 변화에 따른 물의 변화는 지구환경과 기상에 밀접히 관련되어 있습니다. 우리 주변에서는 눈으로도 금방 확인할 수 있을 만큼 물의 변화가 쉴 새 없이 반복되어 일어나지요.

물은 액체 상태에서는 바닷물, 강물, 지하수, 우물물, 빗물의 형태로 존재하고, 고체 상태에서는 눈, 얼음 등의

결정으로 변해 떨어지기도 하지요.
또한 물은 수증기로 증발해 공기 중으로 날아갑니다.
물은 이처럼 다양한 상태로 지구 표면적의 75퍼센트를 덮고 있습니다.
이렇듯 자연환경을 이루는 하나의 요소인 물은 오랜 기간 흘러가면서 흙과 바위를 운반하고, 눈과 비 등을 내리는 날씨를 결정하기도 하지요.
우리 생활에서도 물은 식수와 공업용수, 위생 등 다양한 용도로 쓰이는 아주 중요한 물질입니다.

요점정리

물은 변화에 따라 상태가 변하는데, 0°C에서는 얼음이 되고 100°C 이상으로 열을 가하면 수증기로 변한다.

21. 기체에는 무게가 있을까, 없을까?

하늘로 올라간 풍선은 지구 밖으로 날아갈 수 있을까?

가벼운 공기를 담고 있는 풍선을 손에서 놓치면 순식간에 하늘로 치솟아 오릅니다. 풍선은 끝없이 하늘로 올라가 마침내 우리 눈에서 사라지지요. 그렇게 자꾸 올라간 풍선은 과연 어디까지 날아갈까요. 대기를 뚫고 지구 밖에까지 날아갈까요?

보통 풍선이 터지지 않는 이유는 풍선 안의 기체가 밖으로 탈출하려는 것을 풍선의 재료인 고무가 막고 있기 때문입니다. 하지만 이것만으로 견딜 수 있는 건 아니죠.

풍선이 터지지 않는 것은 바깥에서 풍선으로 가해지는 압력이 작용하기 때문이기도 합니다. 이 압력의 정체는 무엇일까요? 그것은 바로 기체의 압력인 '기압'입니다.

공기에 압력이 있다는 것은 곧 공기의 무게가 우리를 누르고 있다는 뜻이지요. 공기의 압력은 높은 곳으로 올라갈수

록 약해집니다. 당연히 아래보다 쌓인 공기의 양이 적기 때문이지요.

풍선이 어느 정도 올라갈 동안에는 이 기압이 풍선을 감싸서 터지지 않게 합니다. 하지만 풍선이 더 높이 올라가면 공기가 점점 희박해져서 풍선을 더 이상 압박하지 못하게 됩니다. 그러면 풍선 안의 기체가 풍선을 뚫고 나오면서 '뻥' 하고 터지는 것이지요.

그렇다고 풍선을 마구 하늘에 띄우면 안 돼요. 바다생물들이 바다에 빠진 풍선을 먹고 잘 못되는 일이 많거든요.

왜 공기의 무게는 느껴지지 않지?

지구 위의 물체는 모두 중력을 받습니다. 일정한 무게를 갖게 된다는 거죠. 공기도 마찬가지로 중력을 받아 무게가 있어요. 그런데 공기의 무게는 느껴지지가 않습니다. 그 이유는 무엇일까요?

기압은 공기의 무게가 미는 힘, 혹은 누르는 힘이라고 할 수 있지요. 따라서 공기의 무게는 기압의 크기로 알 수 있습니다. 기압이 높으면 공기가 무겁고, 기압이 낮으면 공기가 가볍다는 뜻입니다. 하지만 특별히 가벼운 공기와 무거운 공기가 따로 존재하는 것은 아닙니다. 똑같은 크기의 공간에 공기의 양이 많으면 공기가 무거운 것이고, 공기의 양이 적으면 가벼워지는 것이죠.

그럼 보이지 않는 기압의 실체는 어떻게 확인할 수 있을까요?

우유팩에 빨대를 꼽고 공기를 빨아들이면 우유팩이 찌그러듭니다. 우유팩 안의 공기가 줄어들면서 기압이 낮아졌기 때문이지요. 반면 바깥에서 우유팩을 누르는 기압에는 변화가 없지요. 때문에 기압의 균형이 깨지면서 우유팩이 찌그러드는 것이랍니다.

요점정리 일정한 공간에 공기의 양이 많으면 기압이 높고, 양이 적으면 기압이 낮다.

22. 사이다 속에 톡톡 튀는 것은 뭐지?

액체에 가루만 녹는다는 편견은 버려!

무더운 여름에 냉장고에 넣어둔 사이다를 따서 먹으면 더위가 한순간 싹 가시지요. 특히 입천장으로 가볍게 톡 쏘듯이 솟아오르는 알갱이들이 정신이 번쩍 나도록 시원한 맛을 더해 줍니다. 대체 액체 속에서 톡톡 튀는 이것은 무엇일까요?

물방울이 아니냐고요? 물론 그렇지요. 하지만 아무 힘도 가하지 않았는데 물방울이 저절로 튀어오를 수야 없지요. 대체 어떻게 된 일일까요?

사이다 속의 물방울이 튀어 오르는 것은 바로 액체 속에 녹아 있는 기체 때문이랍니다.

사이다 속에 녹아 있던 이산화탄소가 병뚜껑이 열리면서 압력이 줄어드니까 액체에서 탈출하려고 튀어 오르는 거죠. 그 힘으로 물방울도 함께 튀어 올라온 것이고요. 탄산음료를 흔들었을 때 방울이 보글보글 올라오는 것도 음료

수 속에 기체가 녹아 있기 때문입니다.

이처럼 액체 속에는 설탕이나 소금 같은 가루만 녹는 것이 아니라 산소나 이산화탄소 등과 같은 기체도 녹는답니다. 그런데 액체 속의 기체는 압력이 높고 온도가 낮을수록 많이 녹는 성질이 있어요. 온도가 오를수록 녹는 양이 줄어들지요. 그 때문에 탄산음료는 차게 해서 마실수록, 병뚜껑을 단단히 덮어 보관할수록 톡 쏘는 맛을 강하게 느낄 수 있답니다.

요점정리
사이다의 톡톡 튀는 물방울은 음료수 속에 녹아 있는 이산화탄소 알갱이다.

탈출이다!

돌과 흙과 땅 이야기 -------------------------

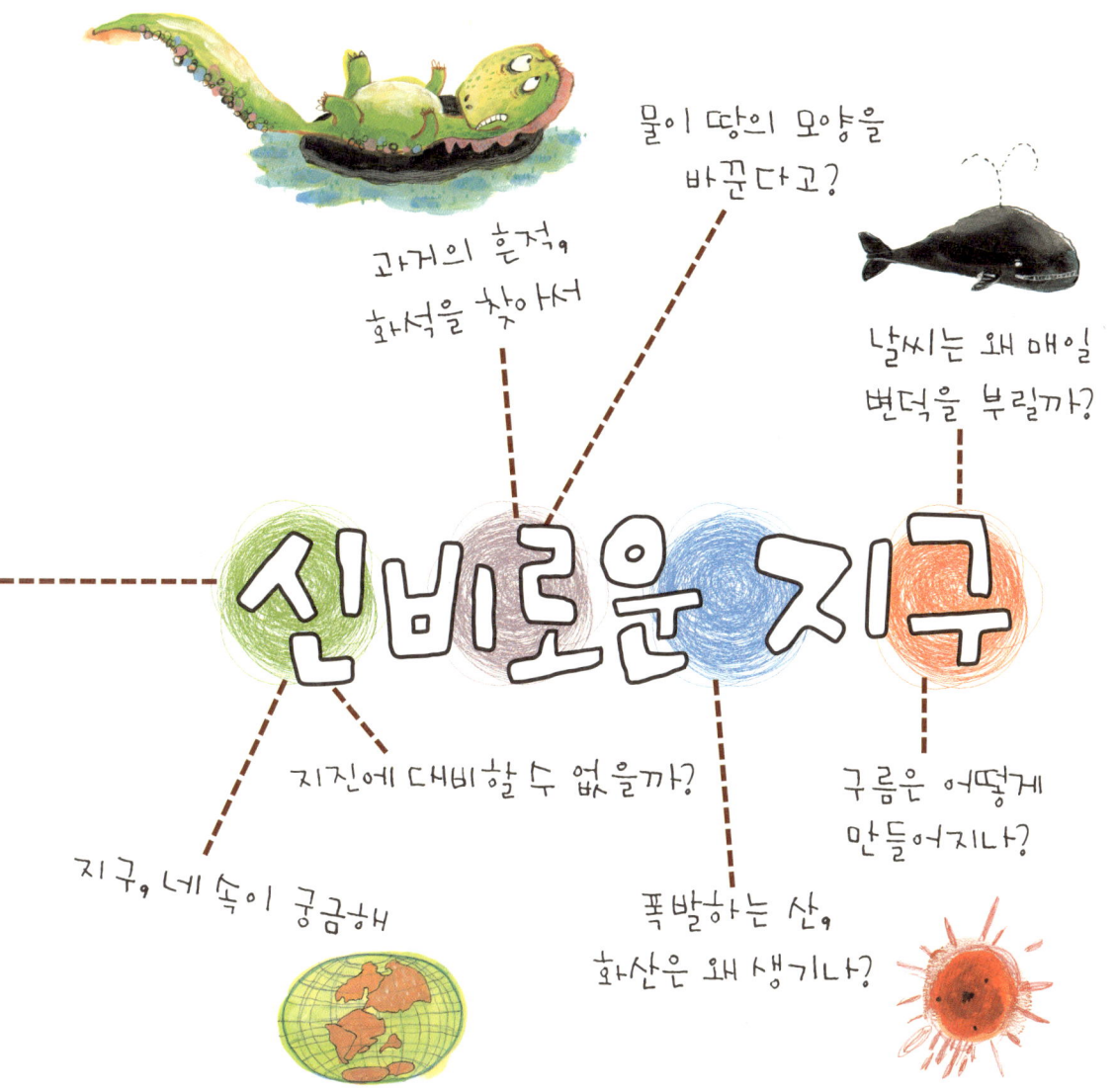

23. 돌과 흙과 땅 이야기

시간이 지나면 돌도 변해요

먼 옛날 지구 상에는 커다랗고 단단한 암석들이 아주 많았답니다. 암석들은 낮 동안엔 뜨거운 햇빛에 달궈지고, 밤이면 차갑게 식기를 반복했답니다. 이렇게 암석이 온도변화를 계속 겪으면 금이 가기 시작하지요. 그리고 그 속으로 다시 눈과 비가 내려 물이 스며들면 마침내 암석이 여러 개의 작은 돌로 쪼개졌답니다. 어떤 식물의 뿌리는 암석의 틈새를 파고들어가 암석을 부수어 작은 알갱이로 만들곤 했지요.

그렇게 오랜 시간이 흐르자, 단단했던 암석은 온데간데없이 사라지고 지구 상의 넓은 부분이 흙과 모래, 자갈 등으로 뒤덮이게 되었지요. 바로 '땅'이 생겨난 것입니다.

이처럼 오랜 시간 햇빛, 물, 바람 등 다양한 자연현상에 의해 암석이 쪼개져 돌덩이가 되었다가 다시 더 잘게 부서져 모래나 흙이 되는 현상을 '풍화작용'이라고 합니다.

토양 속에는 양분이 가득해!

풍화작용으로 거대한 암석이 흙처럼 작은 알갱이로 변하려면 아주아주 많은 시간이 흘러야 하지요. 이렇게 해서 생긴 흙에는 수분이 아주 많이 들어 있어서 식물을 잘 자

라게 한답니다. 그리고 이 식물이 죽으면 흙속의 미생물인 박테리아에 의해 분해되어 썩는데, 이렇게 썩는 현상을 '부식'이라고 합니다. 토양은 이러한 부식물을 포함해서 식물들에게 필요한 영양분을 포함하고 있는 땅을 말해요. 황무지 역시 돌과 흙으로 이루어졌지만 토양과 달리 부식물이 거의 없기 때문에 영양분도 없어요. 그래서 황무지에서는 식물이 잘 자라지 않습니다.

우리 발 밑의 토양 속은 층 구조를 이루고 있어요. 맨 위가 낙엽이나 썩은 나뭇잎이 포함된 '표토', 그 아래는 빗물이 표토로 스며들면서 여러 가지 물질을 녹여 아래로 운반되어 양분이 풍부해진 '심토층'이 형성돼 있지요. 또 그 밑에는 돌멩이와 깨진 바위가 섞여 있는 층이 있고, 그 아래는 다시 기반암이 떠받치고 있는 구조입니다.

요점정리

암석은 비와 바람, 물과 식물의 뿌리 등에 의한 풍화작용으로 잘게 부수어져 돌과 흙이 되어 땅을 만든다.

24. 물이 땅의 모양을 바꾼다고?

흐르는 물은 흙을 운반한다!

증발

하늘로 올라갈 거야!

지구에는 엄청난 양의 물이 있습니다. 우리 눈에 보이는 바다나 강, 호수 뿐만 아니라 대기 중에 있는 수증기, 눈이나 비 역시 물의 또 다른 형태지요. 그런데 물은 잠시도 가만히 있지 않고 대기, 땅, 바다 사이를 이동합니다. 이 순환 과정에서 물은 땅에 아주 특별한 흔적을 남깁니다. 물의 힘이 땅을 변형시키는 것이지요. 이러한 물의 작용에는 다음 3가지가 있습니다.

첫째로 '침식작용' 입니다.

예를 들어 높은 곳에서 흘러내리는 물은 강 언덕이나 바다의 암석, 토양 등을 깎아 내립니다. 강바닥의 경사가 급할수록 침식작용이 심하게 일어나지요.

두 번째로 '운반작용'이 있습니다. 흐르는 물은 흙, 모래, 자갈 등을 나릅니다.

세 번째로는 완만한 평지에 다다를수록 흐르는 물의 속도가 느려져 운반하던 흙이나 모래가 한 장소에 쌓이는 경우입니다. 강 아래쪽에 주로 생기는 이러한 현상을 물의 '퇴적작용' 이라고 합니다.

사막은 왜 모래로 덮여 있을까?

세계에서 가장 건조하기로 유명한 칠레의 아타카마 사막의 일부 지역은 지금까지 한 번도 비가 내리지 않았대요. 강우량이 적으면 바위들은 메말라 갈라지고 거센 바람에 깎여 모래로 변할 수밖에 없어요. 때문에 사막은 다른 어느 지역보다도 많은 모래로 뒤덮여 있는 것이지요.
그런데 육지의 10분의 1을 차지하는 이 사막 중에서 20퍼센트만이 모래사막이라는 사실을 아는 사람은 그리 많지 않아요.
그 유명한 사하라 사막도 11퍼센트만 모래사막이고 북아메리카의 사막은 단 2퍼센트만이 모래사막이지요.
그렇다면 나머지는 무엇으로 뒤덮여 있을까요?
바로 암석이나 자갈로 이루어진 사막이에요. 거대한 암석층이나 깨진 바윗덩어리가 넓게 깔려 있는 평원, 산과 협곡으로 나뉜 가파른 대지, 반짝이는 소금 평원 등 사막의

모습은 아주 다양하답니다. 이 암석들은 땅 속에 묻혀 있던 거대한 암반들이 땅위로 드러나 바람을 맞고 햇빛에 그을리면서 갈라지고 깨진 흔적들이라고 할 수 있지요.

요점정리

물은 침식과 운반, 퇴적작용을 통해 땅을 변화시킨다.

25. 폭발하는 산, 화산은 왜 생기나?

백두산과 한라산은 화산폭발로 만들어진 산

쾅, 하는 요란한 폭발음과 함께 땅속에서 거대한 불길이 솟아오르고 곧이어 시뻘겋게 녹은 듯한 끈적끈적한 용암이 흘러나오는 장면을 본 적이 있나요? 물론 이런 현상을 직접 보기는 쉽지 않은 일이지요. 하지만 텔레비전이나 책에서는 본 적이 있겠지요? 바로 화산이 폭발했을 때의 현상입니다.

현재 백두산과 제주도의 한라산도 화산폭발로 만들어진 산이랍니다. 백두산 꼭대기의 천지와 한라산 정상의 백록담은 모두 화산이 폭발할 때 불이 솟아올랐던 입구, 즉 화구의 흔적이지요.

독도와 울릉도도 모두 화산

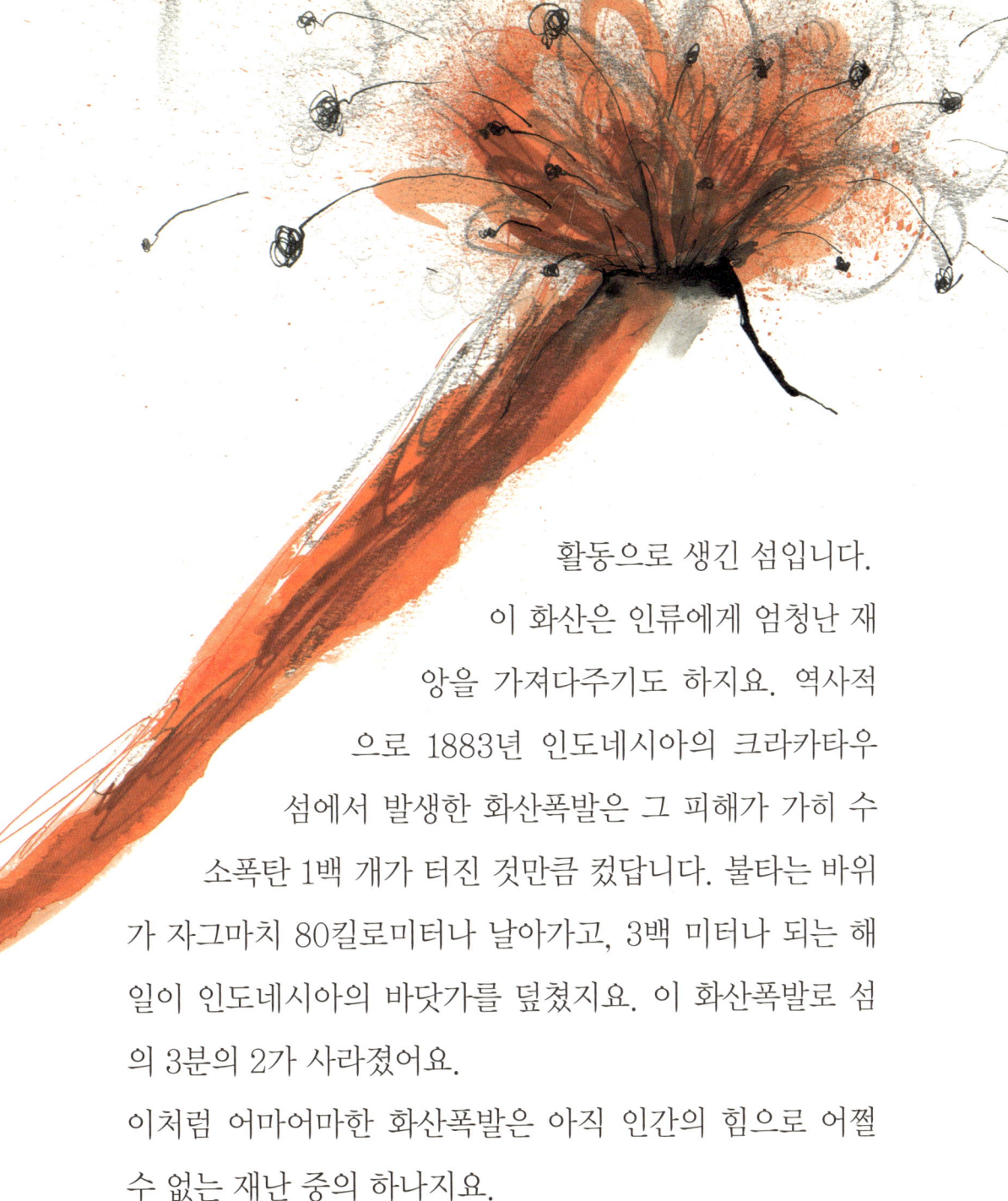

활동으로 생긴 섬입니다. 이 화산은 인류에게 엄청난 재앙을 가져다주기도 하지요. 역사적으로 1883년 인도네시아의 크라카타우 섬에서 발생한 화산폭발은 그 피해가 가히 수소폭탄 1백 개가 터진 것만큼 컸답니다. 불타는 바위가 자그마치 80킬로미터나 날아가고, 3백 미터나 되는 해일이 인도네시아의 바닷가를 덮쳤지요. 이 화산폭발로 섬의 3분의 2가 사라졌어요.

이처럼 어마어마한 화산폭발은 아직 인간의 힘으로 어쩔 수 없는 재난 중의 하나지요.

활화산

화산이 폭발하는 이유

지구의 땅속 깊은 곳은 온도가 매우 높습니다. 그래서 특정한 깊이에 있는 암석의 일부가 녹기도 한답니다. 암석이 녹으면서 '마그마'가 되는데, 이 마그마는 점차 땅 위로 올라가게 되지요. 이때 마그마에 들어 있던 기체가 빠져나오게 된답니다.

이 기체와 마그마가 폭발해 지표면에 구멍을 뚫고 솟구쳐 나오면서 용암과 화산물질이 흘러나오는데, 이것이 불룩하게 쌓여서 화산이 되는 것입니다.

폭발이 일어나면 그 자리엔 보통 사발 모양의 분화구가 생기고 곧이어 붉은색의 끈적끈적한 물질이 흘러나오지요. 이것은 마그마가 지표로 나오면서 가스를 거의 잃어버리고 점성을 갖는 물질로 바뀐 것인데요, 이것이 바로 '용암'이지요.

이 용암의 온도는 보통 1,100℃ 이상이라고 합니다. 지구의 활화산과 휴화산을 합하면 모두 516군데라고 해요. 그리고 기록에는 없지만 화산으로 추정되는 사화산은 모두 730군데라고 합니다.

요점정리
화산이란, 지하에 있는 암석 덩어리가 높은 온도에서 녹으면서 고압가스와 만나 위로 분출하는 현상이다.

26. 지진에 대비할 수 없을까?

앗, 땅이 흔들리네!

지구에 불어 닥치는 예기치 못한 재난들 중에는 '지진'이란 것이 있습니다. 지진은 말 그대로 땅이 진동하며 흔들리는 현상을 말합니다.

지진의 피해는 지진의 세기에 따라 다릅니다. 지진의 세기를 '진도'라고 하는데 진도는 보통 0~8단계로 나눕니다. 진도 0은 지진계에만 나타날 뿐 사람은 느끼지 못할 만큼 미약한 지진입니다. 진도 1은 가만히 있는 사람이나 민감한 사람만이 느낄 수 있을 정도지요. 진도 2쯤 되면 누구나 느낄 수 있는데, 문과 창문이 가볍게 흔들립니다. 진도

3은 건물이 흔들리기 시작하고, 어항 속의 물이 흔들리기도 합니다. 진도 4는 집이 심하게 흔들리고 꽃병이 넘어져 물이 흘러나옵니다. 진도 5부터는 강진이라고 할 수 있는데, 벽에 금이 가고 담과 굴뚝이 무너지지요. 진도 6은 땅이 갈라지고 산사태가 나며, 진도 7 이상이면 대지진으로 기록됩니다.

그런데 이런 지진에 대비할 방법은 없는 걸까요?

현재로선 지진관측소에서 미리 지진을 예측해 피해를 줄이도록 사람들을 대피시키고, 건물을 지을 때 토대에 용수철을 넣어 지진 충격에 견딜 수 있도록 하고 있습니다.

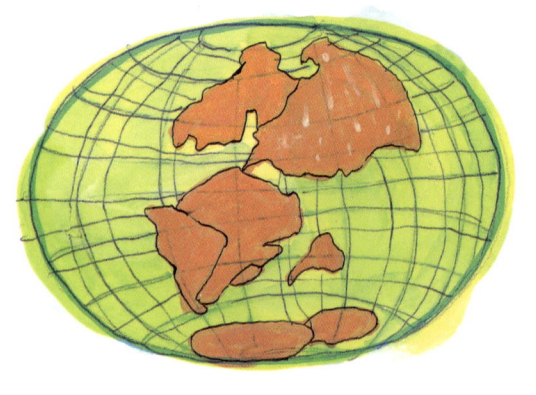

대륙이동설을 주장한, 베게너

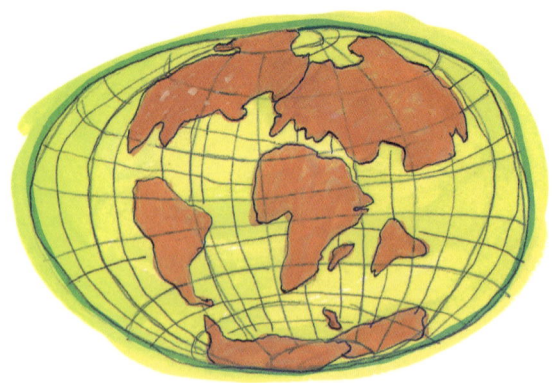

지구 상의 대륙은 원래 하나였는데 여러 개로 분리되고 이동하여 지금의 모습을 이루었다고 주장한 베게너는 독일의 기상학자이자 지구과학자예요. 그가 대륙이동설에 확신을 가진 것은 대서양을 마주보고 있는 2개의 대륙, 즉 아프리카와 아메리카 대륙이 마치 하나였다가 둘로 나뉜 것처럼 생긴 해안선을 갖고 있다는 사실을 발견하면서부터예요.

그 후 그는 화석과 빙하의 흔적,

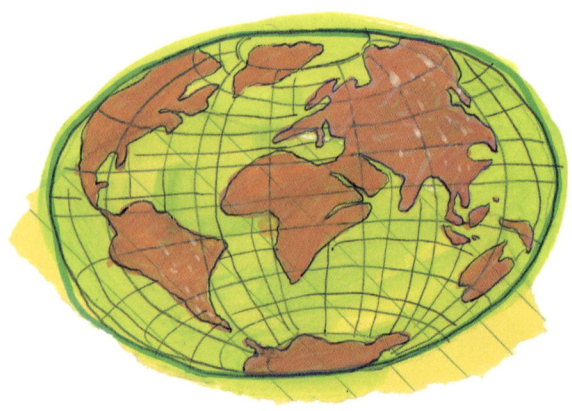

지층을 살펴보고 지구와 태양과 달의 운동에 대해 공부하면서 '대륙이동설'이란 가설을 내놓게 되었어요. 하지만 아무도 그의 말을 믿으려 하지 않았죠.

그러나 베게너는 자신의 가설에 확신을 가지고 증거를 모으기 위해 대서양의 북쪽 그린란드로 탐험을 떠났어요. 1차 세계대전 당시에는 후방에 근무하면서도 연구를 게을리 하지 않았지요.

베게너는 평생 대륙이동설의 증거를 찾아 탐험을 했지만 연구가 한창이던 시절 그린란드에서 조난을 당해 죽음을 맞이했어요.

대륙이동설은 그의 죽음과 함께 차가운 땅에 묻혔다가 20년 후에 새로운 증거가 발견되면서 다시 세상에 알려지게 되었답니다.

요점정리

지진은 지층이 어긋나 단층이 생기거나 화산의 영향으로 땅이 심하게 흔들리는 현상을 말한다.

27. 과거의 흔적, 화석을 찾아서

화석은 어떻게 만들어지나?

화석은 보통 오래된 생물의 뼈의 흔적이 남아 있는 돌을 말하지요. 텔레비전이나 책에서 보면 우리나라에서도 가끔 공룡의 화석이 발견된다고 하는데, 이 경우는 발자국과 같은 흔적일 경우가 대부분이에요.
즉, 화석은 오래된 생물들의 시체나 뼈, 나뭇잎, 껍질, 발자국 등 생물들이 남긴 흔적을 말합니다.
그렇다면 이런 화석들은 어떻게 만들어진 것일까요?
동물과 식물의 시체가 썩지 않으려면 흙이나 물로 꽉 밀봉이 되어야 합니다. 그래야 뼈나 가죽을 썩게 만드는 성분이나 세균의 공격을 피할 수 있지요.
화석이 된 동물과 식물의 시체는 분해되기 전에 매몰되었거나 호수나 바다 밑에 가라앉아 그 위로 새로운 퇴적물이 쌓이게 된 경우입니

바보!

다. 그 과정에서 뼈의 구멍으로 땅속의 광물성분이 스며들어가서 뼈를 단단히 굳게 만든 것이지요. 이 상태에서 오랜 시간이 흐르면 자연 현상에 의해 퇴적된 윗부분의 땅이 깎이면서 비로소 화석의 모습이 드러납니다. 그래서 화석은 주로 퇴적암층에서 발견이 된답니다.

살아 있는 화석도 있다?

살아 있는 화석이 최초로 발견된 건 1938년 12월이었어요. 남아프리카 항구도시 이스트런던의 근처 연안에서 싣고 들어온 물고기 가운데 이상한 것이 발견됐지요. 당시 로즈대학의 스미스 교수가 이 이상한 물고기를 살펴본 결과 4억 년 전에 나타났다 7천만 년 전에 멸종한 것으로 알려진 실러캔스임을 확인했어요. 화석으로 나타나야 할 물고기가 오래 전에 진화가 정지된 채 제 모습 그대로 시공을 뛰어넘어 나타난 거예요. 그래서 이 실러캔스를 '살아 있는 화석'이라고 부른답니다. 오래 전에 멸종된 줄 알았던 물고기가 어떻게 살아 있는 모습으로 나타난 것일까요?

실러캔스는 길이 1.5미터,

넌 누구냐?

무게 70킬로그램까지 나가는 백색 또는 갈색점이 박힌 진한 청색의 물고기인데 분류상 경골어류에 속하죠. 경골어류는 뼈의 일부 또는 전체가 딱딱한 뼈로 된 물고기랍니다. 이 물고기들 중 일부는 육지로 올라와 육지동물이 되었다고 해요.

요점정리

화석은 오래된 생물들의 시체나 흔적이 퇴적층 아래서 오랜 시간 굳어져 돌처럼 변한 것을 말한다.

28. 지구, 네 속이 궁금해

땅속을 파내려 가면 무엇이 나타나지?

공처럼 둥근 지구의 표면은 크게 육지와 바다로 이루어져 있지요. 그렇다면 지구 속은 무엇으로 채워져 있을까요? 그것을 알려면 땅을 파보는 방법 밖에 없습니다.

인간이 지금까지 땅을 제일 깊게 파 본 기록은 지하 8킬로미터 정도입니다. 심해저에서는 2,100미터 정도밖에 뚫지 못했지요. 이것은 지구의 반지름 6,378킬로미터에 비하면, 겨우 사과의 껍질을 벗긴 정도에 지나지 않아요.

그럼 왜 사람들은 땅속으로 파고들어가 지하를 탐사하려는 걸까요?

지하에는 바로 지구의 비밀을 푸는 열쇠가 숨겨져 있기 때문이에요. 지하의 물질들을 채취해서 연구하면 지진과 화산 등을 부르는 지각변동이 왜 일어나는지, 지구는 어떻게 형성되었는지, 지하 어느 깊이까지 생물이 살고 있는지 등에 대해 알 수 있어요. 한 마디로 지하 탐사는 46억년이나 된 지구 탄생의 비밀과 지구의 신비를 벗기는 작업이라고 할 수 있지요.

하지만 실제로 뚫지 않아도 지진파를 이용하면 지구의 내부구조를 알 수 있습니다. 지진파로 알아본 결과에 따르면, 지구 내부는 지각, 맨틀, 외핵, 내핵이라고 부르는 4개의 층으로 이루어져 있답니다.

지구의 내부를 들여다볼까?

지구 내부를 향해 땅을 파고 들어가면 어느 정도까지는 부드러운 흙이 나오다가 곧 단단한 바위가 나옵니다. 지진파에 의하면 이러한 바위 층이 지하 3~40킬로미터까지 계속됩니다. 우리가 흙이라고 하는 껍데기 층과 이 암석층을 합쳐서 '지각'이라고 하는 것입니다.

맨틀은 지각 바로 아랫부분으로, 지하 2,900킬로미터까지가 맨틀에 해당하는 층입니다. 이 층은 젤리 상태의 고체로 되어 있습니다.

맨틀이 이처럼 젤리상태가 된 것은 땅속의 온

도가 아주 높기 때문인데요, 맨틀의 온도는 1,000~3,700℃에 이릅니다. 결국 단단한 지각을 젤리 상태의 맨틀이 떠받치고 있는 셈이지요. 맨틀은 화산과 지진 등의 지각변동의 주요 원인이 됩니다.

지하 2,900~5,100킬로미터 사이를 외핵이라고 합니다. 외핵은 지각을 이루는 물질보다 무거운 철과 니켈 등의 금속성분으로 이루어졌는데 3,700~4,300℃의 높은 온도 때문에 액체 상태로 녹아 있을 것으로 예상하고 있습니다. 지구의 중심부를 차지하고 있는 것은 바로 내핵입니다.

내핵은 고온이기는 하지만 높은 압력 때문에 철과 니켈 등의 금속이 고체 상태로 있을 것으로 추측하고 있습니다.

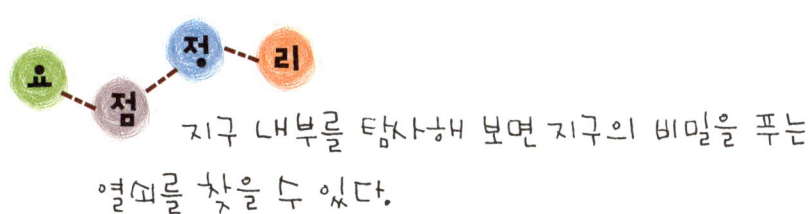
지구 내부를 탐사해 보면 지구의 비밀을 푸는 열쇠를 찾을 수 있다.

29. 날씨는 왜 매일 변덕을 부릴까?

날씨는 지구를 둘러싸고 있는 공기의 상태?

청개구리가 울면 비가 온다, 개미가 방 안으로 들어오면 홍수가 진다, 아침 무지개는 비, 저녁 무지개는 맑을 징조……. 이와 같은 속담들은 모두 날씨를 예견하는 것으로, 예로부터 날씨가 우리 일상생활과 깊은 관련을 맺고 있음을 알려줍니다.

날씨는 매우 변덕스럽습니다. 춥거나 더울 수도 있고, 맑거나 구름이 끼거나 바람이 불기도 하고, 때론 눈, 비, 서리, 우박이 쏟아지기도 하고 심한 경우 폭우나 태풍을 몰고 오지요. 이런 날씨의 조화는 누가 부리는 걸까요?

날씨는 지구를 둘러싸고 있는 대기권의 상태라고 할 수 있습니다. 대기권은 지구를 둘러싸고 있는 공기층이에요. 날씨는 이 대기권 중에서도 특히 최하층, 즉 공기의 움직임이 활발한 대류권에서 일어나지요.

날씨는 바로 이 대류권의 기온, 기압, 바람과 구름의 양,

구름의 형태, 습도, 강수량, 일조량 등이 변함에 따라 달라지기 때문에 매일 변덕을 부리듯이 다른 날씨를 보이는 것이랍니다.

날씨를 결정하는 요인들

흔히 날씨를 예보할 때 가장 먼저 말하는 것이 기온입니다. 기온은 대기가 가진 열의 양을 말하지요. 이 열은 바로 태양으로부터 얻습니다.

햇빛이 지구 표면에 많이 닿게 되면 더워지고 공기 속 물방울이 많아져 비가 자주 옵니다. 반대로 햇빛의 양이 줄어들면 추워지고 맑은 날이 많아집니다.

기압은 공기의 무게라고도 할 수 있는데, 공기가 많이 쌓인 곳은 고기압이 나타나고, 덜 쌓인 곳은 저기압이 나타납니다. 공기는 기압이 높은 쪽에서 기압이 낮은 쪽으로 움직이는 성질이 있는데, 기압차로 생기는 공기의 이동현상이 바로 바람이지요. 수분 역시 날씨를 결정하는 주요 요인입니다. 바다나 강에서 증발한 물은 수증기가 되어 대기 중으로 들어오지요. 그런데 이때 공기가 냉각되면 수분이 비나 눈, 진눈깨비, 우박의 형태로 내리는 것입니다.

요점정리

날씨는 지구를 둘러싼 대기의 상태로, 주로 대류권 내의 기온과 기압, 바람, 수분 등의 변화에 따라 달라진다.

30. 구름은 어떻게 만들어지나?

구름이 만들어지는 과정

구름하면 무엇이 떠오르나요?

사람들은 구름에 관해서 재미있는 상상을 많이 하지요. 손오공이나 신령님처럼 비상한 재주를 가진 이들은 이상하게 꼭 구름을 타고 다녀요. 그런가 하면 아주 좋은 일이 있을 때면 구름에 떠 있는 기분이라고 말하지요.

호수나 강, 바다, 습지와 식물 등에 포함된 물은 수증기가 되어 공기 중으로 올라가지요.

이렇게 올라간 수증기는 주위의 온도가 차가워지면 점차 작은 물방울이나 얼음알갱이로 변해요. 이것이 공기 중의 먼지 주변으로 모여 입자가 더 커지면 서로 엉겨 붙어 더 큰 얼음 알갱이가 되는데, 이 얼음 알갱이들이 모여서 덩어리를 이룬 것이 바로 구름이에요.

햇빛이 구름을 통과하면서 작은 물방울에 부딪

흰 빛이 사방으로 흩어져 구름이 하얗게 보이게 됩니다. 구름층이 두꺼우면 햇빛이 구름을 뚫지 못하기 때문에 검은색에 가까운 구름이 됩니다.

그리고 구름의 모양은 구름이 만들어진 곳의 높이에 따라 달라진답니다.

그런데 때로 기온이 뚝 떨어져서 미처 하늘로 올라가지 못한 수증기가 땅 근처에서 그대로 작은 물방울이 되어 머무는 경우가 있는데요, 이것이 바로 안개랍니다.

요점정리

구름은 공기 중으로 올라간 수증기가 찬 공기와 만나 생긴 물방울이나 얼음 알갱이가 엉겨 붙어 덩어리를 이룬 것이다.